★우리 아이 인성교육을 위한★

긍정 훈육법 실천편

| Positive Discipline Workbook |

Jane Nelsen 저 | 박예진 역

학지사

역자 서문

부모라면 한 번쯤은 자녀와의 힘겨루기로 분노조절이 되지 않았던 경험이 있을 것입니다. 이러한 문제는 나만 있을 줄 알고 수치심을 느꼈으나, 사실 나만의 문제가 아니라 아이를 키우는 부모라면 누구나가 겪게 되는 일입니다.

아이를 체벌하지 않고, 아이의 행동을 교정할 수 있을까? 아이에게 협력, 책임감, 문제해결 능력을 키워 주면서 서로 상처 주지 않고 체벌하지 않는 효과적인 방법이 있다면, 아이 있는 부모는 누구라도 선호할 것입니다. 부모라면 누구나 자녀를 키우는 동안 순간순간 대처하는 방법을 몰라 여기저기 물어보고 이러저러한 방법을 모두 활용해 보아도 부족함을 느껴 본 경험이 있을 것입니다.

이 책은 자녀를 처벌이 아닌 긍정적으로 훈육하는 기준 및 방법을 소개합니다. 아들러 박사에 의하면 경험은 행동을 바꾸지 못한다고 합니다. 경험으로 인한 진정한 체험이 일어나야 비로소 변화의 필요성을 느끼고 서서히 변화하기 시작합니다. 이 책은 자녀와 늘 부딪히는 일상생활 속에서 그들의 행동의 의도를 이해하고, 긍정적으로 훈육할 수 있는 방법을 위한 단계별 방법론을 제시합니다. 하나씩 따라 하다 보면 많은 문제를 스스로 해결할 수 있습니다.

전 세계 50개국에 보급되고 임상적으로 검증된 아들러심리학 기반의 『Positive Discipline Workbook』은 수년간의 임상에 의하여 한국의 문화와 정서에 맞도록 『우리 아이 인성교육을 위한 긍정 훈육법 실천편』으로 현지화되었습니다. 아울러 자녀들을 격려하는 '우리 엄마의 긍정 훈육 말공부' 를 넣어서 대화법을 훈련하도록 하였습니다.

좋은 부모 역할을 하려고 해도, 어떠한 기준을 가지고 양육하여야 하는지 늘 혼란스러워하는 부모 외에도 부모교육 전문가, 상담 및 심리치료 전문가, 코치, 그리고 학교 선생님이 쉽고 용이하게 활용하

도록 했습니다. 긍정 훈육의 전문성을 높이고, 현장에서 유용하게 사용하도록 만들어진 이 책으로 행
복한 부모와 전문가가 되길 바랍니다.

한국아들러협회 회장

㈜아들러코리아 대표이사

박예진

저자 서문

30년 전부터 긍정 훈육을 연구하고, 『Positive Discipline』을 출판하기 시작했습니다. 저 역시 좋은 부모의 역할이 가장 어려웠고, 또 제 인생의 가장 중요한 일이었기 때문입니다. 일과 자녀 양육을 병행하면서 엄마로서 늘 부족함을 느꼈고, 실수하지 않으려고 완벽함을 추구하는 좋은 부모의 역할을 하려고 하였으나 그럴수록 불편해지고 저와 가족은 힘들어졌습니다.

그러나 긍정 훈육을 시작한 후에 가장 도움을 받은 사람은 저였고, 제가 자긍심을 가진 엄마의 모습을 아이들에게 보일 때 아이들은 저에게 존경심을 보이고 도와주기 시작했습니다. 제가 아이들에게 긍정 훈육에 관해 설명을 해 주고 서로 실습하고 훈련을 하면서, 저희 가족은 진정으로 서로를 도와주고 서로의 일에 관심을 가지고 존중하여 주었습니다.

우리 가족의 소소한 일상생활에서 작은 변화를 체험하면서 시작한 저의 긍정 훈육은 책을 통해 전 세계 50개국에서 보급되었습니다. 이제는 행복한 가족을 위하여 20,000명 이상의 부모 교육 전문가들이 노력을 하고 있습니다. 드디어 대한민국에도 이 책이 소개되어 참 기쁩니다.

20년 전, 저는 『Positive Discipline Workbook』 집필을 시작했습니다. 지루한 '빈칸 채우기' 형식의 워크북을 만들고 싶진 않았기 때문에 Diane Durand와 Paula Gray의 그림을 사용하기로 결정하기 전까진 이 책을 마무리 하지 않았습니다. 저에게 그랬듯이 여러분에게도 이 그림들이 즐거움을 선사할 수 있길 바랍니다.

지난 20년 간 우리 사회는 많은 변화를 경험했습니다. 사회는 속도를 요구하고 대부분의 부모는 더 이상 책을 읽을 시간을 충분히 가질 수 없게 되었습니다. 『Positive Discipline Workbook』은 간략할 뿐만 아니라 흥미로운 그림들을 포함하고 있기 때문에 여러분은 쉽고 빠르게 훈육 기법들을 이해할 수 있을 것입니다. 각 레슨은 긍정 훈육법을 포함하고 있습니다.

　이 책은 부모들이 관심을 가지고 단계별로 학습할 수 있도록, 쉽고 재밌게 매뉴얼 형식으로 되어 있습니다. 실습하여 체험을 경험할 수 있도록 개념 소개와 활동지 중심으로 되어 있습니다. 철저히 현장에 적용이 용이하도록 체험 학습을 위한 것입니다. 또한 매뉴얼에 쓰인 것처럼 자녀에게 적용하며 활용하여 보세요. 놀라운 변화를 바로 체험하실 겁니다.

　이 책은 『우리 아이 인성교육을 위한 긍정 훈육법』(박예진 역, 학지사)과 51가지 '긍정 훈육 카드' (박예진 역, 인싸이트)를 함께 활용하시면 더욱 효과가 있습니다. 사례중심의 『우리 아이 인성교육을 위한 긍정 훈육법』, 매뉴얼 중심의 『우리 아이 인성교육을 위한 긍정 훈육법 실천편』 및 51가지 '긍정 훈육 카드' 는 부모도 자녀도 긍정적으로 훈육하고, 건강하고 행복한 사회인으로 성장하는 지침과 활용 가이드가 될 것입니다.

　이 책이 여러분을 완벽한 부모로 만들어 줄까요? 절대 그렇지 않습니다. 완벽한 부모는 존재하지 않으니까요. 하지만 올바른 훈육 방법을 배우고, 실수가 아이들이 성장하고 배울 수 있는 훌륭한 기회라는 사실을 깨닫게 될 때, 부모의 역할이 조금 더 즐거워질 거라는 건 확실히 말씀드릴 수 있습니다. 여러분은 아이들에게 훌륭한 역할모델이 될 수 있습니다.

　한국아들러협회 회장인 박예진 박사는 지속적으로 저와 긍정 훈육을 연구하고 현지화하고 있습니다. 이 책에 대한 궁금한 점이나, 긍정 훈육에 대해 더 심화한 내용을 학습하고 싶으신 분은 www.positivediscipline.com 또는 ㈜아들러코리아(www.adlerkorea.com)로 연락을 주시기 바랍니다.

긍정 훈육법의 창시자
샌디에고에서 Dr. Jane Nelsen

차 례

Lesson 1

아이들이 어떻게 성장하길 바라시나요?
호기심 질문
포 옹

아이들이 어떻게 성장하길 바라시나요?

25세가 되어 독립한 아이의 모습을 상상해 보세요. 어느 날 아이는 오랜만에 여러분의 집을 방문합니다. 여러분 앞에 서 있는 아이는 어떤 모습인가요? 아이가 어떤 인성과 능력을 가지고 있길 바라시나요?

많은 부모는 아이들에게 기대하는 바가 있지만 자신의 훈육 방법이 올바르지 않다는 것은 인지하지 못합니다. 여러분이 될 수 있는 좋은 부모가 되기 위한 첫 번째 단계는 목적지까지 여러분을 안내해 줄 로드맵을 작성하는 것입니다. 14쪽에 있는 활동은 아이들의 성장 방향에 대한 여러분의 생각을 확실히 정리할 수 있도록 도와줄 것입니다.

앞으로의 훈육 방법들은 여러분을 올바른 목적지로 이끌어 줄 것입니다.

긍정 훈육의 주요 개념

1. 아이들이 중요한 가족구성원으로서 의미와 소속감을 느끼게 합니다.
아이들의 최고의 목표는 소속감과 존재감입니다. 이것은 모든 사람의 기본 욕구입니다. 누구나 자신이 중요하다고 생각을 하는 집단에서 의미 있는 사람으로 역할 및 인정받으려고 함은 기본적인 본능입니다. 아이들에게 자신이 중요함을 느끼고 소속감을 느낄 수 있도록 도와주세요.

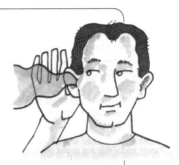

2. 허용적이지만 단호하게 대하세요.
많은 부모가 과도한 통제와 지나치게 관대함 사이에서 우왕좌왕하며 양육방법에 혼란스러워합니다. 긍정 훈육을 하는 부모는 부드러우면서도 단호하게 행동을 합니다. 자녀는 소중한 가족의 구성원이나 세상의 중심은 아닙니다. 자녀 스스로 역할과 책임을 다하도록 존재는 받아들이고, 허용하여야 할 행동과 단호하여야 할 행동의 기준을 분명하게 합니다.

3. 스스로 결정하고 책임지도록 기다려 줍니다.
인간은 주관적으로 자신의 행동에 가치가 인정되지 않으면 동기부여가 되지 않습니다. 그래서 아이를 통제할 때, 아이는 더욱 하지 않으려고 저항하거나 수동적으로 공격하게 됩니다. 아이에게 선택권을 주고, 아이가 그대로 실행을 하도록 인내하며 기다려줍니다. 참여하여 실행할 때 아이도 책임을 느끼며, 자신의 행동을 돌아보게 하고 개선의 필요성을 느낍니다.

4. 체벌하지 않고, 장기적으로 행동이 수정되도록 합니다.
체벌을 통하여 부모는 자신의 분노와 불안을 표출하며, 힘을 사용함으로써 일시적으로 효과를 볼 수는 있습니다. 그러나 장기적으로는 회피, 거리두기, 보복하기 등의 부정적인 결과를 초래합니다. 긍정 훈육하는 부모는 평정심을 잃지 않으며, 마음의 처벌이 아닌 사랑을 가지고 훈육하기 전에 아이가 연결되어 있음을 느낄 수 있도록 합니다. 자녀가 연결됨(connect)을 느끼게 한 후에 장기적 관점에서 행동을 수정하도록 합니다.

(계 속)

긍정 훈육의 주요 개념

5. 자녀 감정에 공감하고 수용하면서 자녀와 소통합니다.

아이들은 감정이 억압되면 한꺼번에 분노와 화로 발작할 뿐 아니라, 폭력도 일삼게 됩니다. 아이는 엄마가 자신의 기분이 알아준다는 것을 알 때, 자신의 감정을 이해하게 되고 점점 표현하게 됩니다. 또한 엄마도 같은 방법으로 감정을 나눌 수 있게 됩니다. 먼저 자녀의 감정에 공감하고, 엄마의 의견도 솔직하게 표현하는 소통을 합니다.

6. 칭찬과 상 대신 격려하여 스스로 유능감을 느끼도록 한다.

격려는 아이들에게 자신이 그 존재 자체만으로도 충분하다는 사랑과 관심의 표현입니다. 칭찬에 익숙한 아이는 "나는 다른 사람이 나를 괜찮다고 할 때만 괜찮아."라고 믿게 됩니다. 또한 칭찬하는 사람의 기대 수준에 늘 맞추려고 하면서 늘 부족함을 느낍니다. 그러나 격려에 익숙한 아이는 자신이 스스로 올바른 판단을 한다는 유능감을 믿게 됩니다. 아이 스스로 유능감을 느낄 때, 아이는 자신감을 갖게 되며 실수를 하더라도 다시 새롭게 도전하는 힘을 발휘합니다.

7. 부모의 삶을 삽니다.

좋은 부모는 자신의 삶에 긍지를 가지고, 자신의 삶을 사랑하며 자녀에게도 당당한 부모입니다. 부족한 자신을 자녀에게서 보상받으려는 노력 대신 자신의 행동에 솔직하고 부모도 실수를 할 수 있다는 인간적인 면을 자녀에게 그대로 보여 주며 인정하는 것입니다. 결핍된 부모의 삶은 자녀를 과잉보호하거나, 방치하고 학대하게 됩니다. 부모가 하지 못 한 일들을 아이가 하길 바라거나, 그들이 해낸 만큼 아이가 해내길 바랍니다. 부모가 자신의 삶을 사랑하며 살 때, 아이나 가족에게 지나친 보상을 요구하지 않습니다. 행복한 부모가 행복한 자녀를 양육합니다.

긍정 훈육법으로 양육한 우리 자녀는……

1. 자신에 대한 긍정적인 인식으로 긍정적 자아상과 자신감을 갖게 됩니다.

2. 자신이 삶의 주인이라는 자기 주도성과 타인에 대한 배려와 책임감을 갖게 됩니다. 나를 존중하고, 타인을 존중하며, 상호존중하는 건전한 사회인이 됩니다.

3. 자기 관찰 및 통제능력으로 인내심을 기르고, 감정적으로 조정하는 능력과 자제력을 갖게 됩니다.

4. 자신의 문제를 처리할 수 있는 비판적(critical) 사고 및 문제해결 능력을 갖게 되고, 스스로 선택하며, 결과에서 배우면서 터득하는 능력을 키웁니다.

5. 미래에 대한 호기심과 창의성(creativity)으로 유머감각을 키우고, 신나고 재밌게 자신의 일을 즐깁니다.

6. 공동체에서의 협력(collaboration), 팀워크, 리더십으로 예의 바른 인성의 아이가 됩니다.

7. 열린 마음으로 의사소통(communication)하는 아이가 됩니다.

활동: 두 가지 영역

'현재의 불편한 행동'이라고 되어 있는 영역에는 현재 여러분을 힘들게 하는 아이들의 행동을 적어 보세요. 그리고 '미래의 행동 변화' 영역에는 아이들이 미래에 갖추길 바라는 인성과 능력을 적어 보세요.

현재의 불편한 행동	미래의 행동 변화

(계 속)

활동: 두 가지 영역

다음은 훈육 교육에서 다른 부모들이 작성한 '현재의 불편한 행동'과 '미래의 행동 변화' 영역입니다. 대부분의 경우 부모들이 희망하는 자녀의 행동 변화는 매우 유사합니다. 여러분이 작성한 것과 비교했을 때 겹치는 부분이 있나요? 여러분의 영역에 더하고 싶은 항목이 있나요?

현재의 불편한 행동

- 반항하고 제멋대로 함
- 말대꾸
- 게으른 행동
- 욕하기
- 부모와 떨어지지 않음
- 숙제 문제
- 스스로 일어나기
- 늦게 취침하기
- 거짓말
- 도둑질
- 공부에 관심이 없음
- 형제간 싸움
- 깨물기
- 고자질하기
- 짜증
  - 인터넷/스마트폰 과다 사용
  - 집안일에 참여하지 않음
  - 반항
  - 고집이 셈
  - 과소비하기
  - 버릇없는 행동

미래의 행동 변화

- 자신의 가치에 대한 믿음
- 자기절제
- 책임감
- 자신감과 용기(도전정신)
- 협동하고 기여하고자 하는 마음
- 소통 능력
- 문제 해결 능력
- 긍정적 사고
- 직업의식
- 정직함
- 유머 감각
- 행복
- 소중하게 자기 돌봄하기
- 융통성
- 회복탄력성
- 건강한 신체와 정신
- 자신과 타인에 대한 존중
- 이타심
- 사회적 기술(규칙, 질서, 습관 등)
- 감정 조절 및 표현

'긍정 훈육'을 통해 부모와 아이는……

미래

자신의 가치에 대한 믿음

책임감

자기확신

용기

의사소통

문제 해결 기술

동기부여

정직

유머 감각

행복함

자기존중

유연한

회복탄력성

호기심 있는

자신과 타인에 대한 존중

공감

배려

자신의 능력에 대한 믿음

긍정 훈육을 통해 우리 아이는 사회적 기술과 능력의 함양으로 자존감과 공동체 의식이 높은 자녀로 양육됩니다.

여러분이 배우는 것들

- 체벌과 긍정 훈육의 차이점
- 긍정 훈육의 기준 및 효과
- 자녀를 위한 부모의 다양한 긍정 훈육법
- 실수로 의기소침한 자녀를 위한 엄마의 격려 말공부
- 긍정 훈육에 대한 더 많은 유익한 정보!

'미래의 행동 변화'를 적은 목록(14쪽 참조)을 눈에 띄는 곳에 붙여 둠으로써 긍정 훈육의 목적을 기억하도록 합니다.

17쪽을 통해 부모 말을 듣지 않는 아이의 행동의 의도와 느낌을 공감하면서, 갈등을 교육의 기회로 삼을 수 있는 첫 번째 경우를 알아봅시다.

아이가 제 말을 듣지 않아요

부모가 아이가 말을 듣지 않는다고 말할 때, 그것의 참뜻은 "제 아이가 내 뜻대로 하지 않아요." 인 경우가 많습니다. 이것은 좋은 부모의 역할을 해야 하는 책임으로 인한 부모의 불안과 두려움은 아닌가요? 여러분이 진정 원하는 건 아이 스스로 선택하고 결과에 책임지는 것이 아닌가요?

아이들이 말을 듣지 않는 이유는 부모의 잦은 잔소리와 간섭 때문일 수도 있으며 이로 인해 잦은 힘겨루기를 합니다. 여러분이 "해." 라고 지시하면 아이는 "싫어요." 라고 거부하거나 싫어하는 행동을 더 할 것입니다.

아이가 부모의 말을 듣지 않아 자주 힘겨루기를 한다면 이것은 제대로 경청하고 공감하지 않아서 일 수도 있습니다.

아이들은 그들의 말이 받아들여지고 있다고 느낄 때 부모의 말을 들을 것입니다.

아이가 말을 할 때, 여러분은 경청하나요, 지시를 하나요, 방어적 태도를 취하나요, 아니면 훈계를 하나요?

아이가 느끼고 있는 감정을 표현하지 못하도록 하고 있진 않나요?

아이의 감정을 잘못되었다고 여기거나 문제를 해결하려고 하진 않나요?

아이의 말을 경청하려고 노력해 보세요.

아이의 감정을 공감해 주세요.

18쪽에 있는 관심 있는 호기심 질문들을 활용해 보세요. 그리고 20쪽에 있는 격려하는 호기심 질문을 활용해 보세요.

입을 닫고 귀를 여세요

부모가 아이에게 말하는 것들

• 무슨 일이 일어났는지

• 왜 그 일이 일어났는지

• 아이가 어떤 감정을 가지고 있는지

• 그 일에 대해서 어떤 행동을 취해야 하는지

education(교육)의 어근은 educaré이며 이는 '앞으로 이끌어 내다'는 뜻을 가지고 있습니다.

훈계는 아이의 한 귀로 들어가 다른 귀로 나오게 됩니다. 설교나 지시로 아이들을 간섭하고 통제하면서 왜 아이들이 귀를 닫는지에 대해 의아해하지 마세요.

관심 있는 호기심 질문을 활용해 보세요

훈계 대신 다음과 같은 질문을 해 보세요.

• 무슨 일을 하려고 했니?

• 어떤 기분이니?

• 이로 인해 어떤 경험을 했니?

• 이런 일이 또 생기면 어떻게 대처할 수 있을까? 그리고 예방을 위한 방법은 무엇일까?

아이에게 진심을 담아 질문을 해 보세요. 아이의 느낌과 생각에 대해 관심과 신뢰를 표현하세요.

활동: 호기심 질문 vs 지시

1. 이 역할극은 여러분을 포함하여 세 명이 필요합니다. 아이들을 포함한 가족 구성원들과 함께 즐 겁게 역할극을 진행해 보세요.

2. 참여자들에게 전달할 대본을 준비하세요(20쪽 참조).

3. 여러분이 아이의 역할을 맡으세요. 나머지 두 명은 부모의 역할을 맡도록 합니다. 한 명은 지시 하는 부모가 되고 다른 한 명은 호기심 질문하는 부모가 되어 번갈아 가며 자신의 대본을 읽도 록 합니다. 여러분은 대답을 하지 말고 그들의 말을 듣기만 하세요. 동시에 각 '부모'의 말에 대 해 어떤 생각과 느낌이 드는지, 그리고 어떤 결정을 내리게 되는지 확인해 보세요.

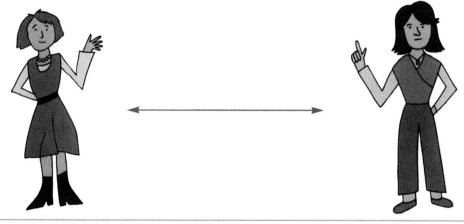

역할극이 끝난 후, 아이의 입장에서 지시와 호기심 질문을 들었을 때 여러분이 갖게 된 생각과 느낌, 그리고 여러분이 내린 결정을 다른 사람들과 나누어 보세요. 여러분이 배운 것들을 기록해 보세요.

_____
_____
_____
_____
_____

(계속)

활동: 격려하는 호기심 질문 vs 지시

<table>
<tr><td>

지시

1. 가서 양치하고 와.

2. 코트 입는 것 잊지 마.

3. 숙제 해.

4. 형이랑 그만 싸워.

5. 접시는 싱크대에 넣어 놔.

6. 서두르지 않으면 지각할거야.

7. 칭얼대지 마.

8. 장난감 정리해.

</td><td>

격려하는 호기심 질문

1. 이빨에서 뽀드득 소리가 나려면 무엇을 해야 할까?

2. 춥지 않으려면 뭘 입고 나가야 할까?

3. 숙제를 어떻게 할 계획이니?

4. 너와 형은 이 문제를 어떻게 해결할 수 있을까?

5. 식사를 마치고 네 접시는 어떻게 하기로 약속했지?

6. 제시간에 학교에 가려면 어떻게 해야 할까?

7. 어떻게 하면 서로를 더욱 존중하면서 대화를 나눌 수 있을까?

8. 다 놀고 나서는 장난감을 어떻게 할까?

</td></tr>
</table>

몇 단어만 더 추가하면 공감과 격려를 이끌어 낼 수 있는 호기심 질문들을 할 수 있습니다. 질문을 함으로써 아이들은 그들의 생각과 감정에 대한 자신감을 얻게 됩니다.

여러분은 무엇을 배웠습니까?

미래

자신의 가치에 대한 믿음

책임감

자기확신

용기

의사소통

문제 해결 기술

동기부여

정직

유머 감각

행복함

자기존중

유연한

회복탄력성

호기심 있는

자신과 타인에 대한 존중

공감

배려

자신의 능력에 대한 믿음

여러분의 '미래의 행동 변화' 영역을 다시 확인해 보세요. 그리고 여러분이 역할극을 통해 지시하는 부모와 격려하는 호기심 질문하는 부모의 말을 듣는 동안 무엇을 배우게 되었는지 생각해 보세요.

엄마가 하랬어요!

지시는 신체의 심리적 긴장감을 야기하며 저항의 메시지를 뇌로 전달합니다.

격려하는 호기심 질문은 심리적 안정감을 부여하며 뇌로 하여금 질문에 대한 답을 찾게 합니다.

난 할 수 있어요!

이 활동을 통해 지시와 격려하는 호기심 질문의 차이에 대한 결과가 다름을 알게 됩니다. 부모가 지시하고 간섭하면 아이가 반항하나요? 인간은 스스로 만족하여야 동기부여가 되기 때문입니다. 자녀가 스스로 선택하고 결정할 때, 책임감을 느끼고 자신의 행동에 용기를 갖게 됩니다.

포옹을 통한 교감

긍정 훈육의 중요한 핵심 중 하나는 훈육 이전의 교감입니다. 아이들은 안전함을 느끼고 이성적으로 생각할 수 있을 때 배운 것을 받아들입니다. 위협을 느낄 때 아이들은 부정적으로 받아들이고 자신을 보호하려 합니다.

시애틀의 아들러 학자인 밥 브래드버리(Bob Bradbury) 박사는 분노 조절에 어려움을 겪고 있는 4세 아이의 아버지와 인터뷰를 진행했습니다. 브래드버리 박사는 아버지에게 아들을 안아 주는 방법을 제안했습니다. 아버지는 "아이가 포옹을 자신의 행동에 대한 보상이라고 생각하지 않을까요?"라고 물어보았지만 박사는 그렇지 않을 것이라며 그를 안심시켰습니다.

일주일 뒤, 아버지는 지난주에 아들이 분노발작을 일으켰던 상황을 설명했습니다.

아버지: 날 안아 주겠니?

아들: (울먹이며) 뭐라고요?

아버지: 네가 안아 줬으면 좋겠어.

아들: (의아한 표정을 지으며) 지금요?

아버지: 그래, 지금.

아들: (잠시 망설이다가) 알겠어요.

아들은 아버지를 안았습니다. 그리고 몇 초 뒤 아들은 아버지의 품 안에서 안정을 되찾았습니다.

아버지: 고마워. 네 포옹이 필요했어.

아들: (그렁그렁해진 눈으로) 저도요.

부적응 행동을 하는 아이는 낙담한 아이입니다. 격려는 생각과 행동을 변화시킵니다. 아들은 아버지를 안음으로써 베풀고 싶은 본능(공감, 안정, 기여)을 느꼈을 것이며 이는 행동 변화의 중요한 열쇠입니다.

실천하기

1. 여러분이 얼마나 많은 지시를 내리고 있는지 확인해 봅시다. 여러분이 아이에게 '지시'를 내릴 때마다 컵에 100원짜리 동전을 하나씩 넣으세요. 아마 일주일 뒤에 여러분은 컵에 모인 돈으로 온 가족에게 아이스크림을 사 줄 수 있을 것입니다.

2. 지시를 내렸던 상황을 생각해 보고 그 상황에서 지시하는 대신 물어볼 수 있는 질문을 생각해 봄으로써 다음 상황에 대비해 보세요.

3. 여러분이나 아이가 화가 나 있을 땐 안아 달라고 말해 보세요. 아이가 거부한다면 아이의 대답을 존중하고 마음의 준비가 되었을 때 와서 안아 달라고 말하도록 합니다. 그리고 자리를 떠나세요.

4. 여러분이 배우고 있는 것들에 대해 적으면서 경험에 대해 더 깊게 생각해 볼 수 있을 것입니다.

5. 긍정 훈육법 목록을 만들어 여러분이 배운 것들을 하나씩 적어 나가 보세요.

6. 여러분이 시도해 본 기법들을 적어 보세요. 어떤 영향을 미쳤나요? 여러분은 아이들에게 기대하는 행동 및 능력을 배울 수 있도록 도움을 줬나요?

7. 도움이 되지 않았다고 생각한다면 적고 앞으로 긍정 훈육법을 배워 나가면서 이전 방법들이 도움이 되지 않았던 이유에 대해 생각해 보세요.

모든 아이에게 언제나 적용되는 훈육법은 없습니다. 그것이 여러분이 많은 기법을 알아야 하는 이유입니다. 그러나 기본은 아이를 믿는 것입니다. 믿는 것 만으로도 부모와 아이는 많은 변화가 일어나며 훈육 전에 먼저 충분히 자녀와 교감하는 시간이 필요합니다. 자녀는 부모가 어떤 의도로 자신을 훈육하는지 느끼고 달라집니다.

훈육 도우미

- 부모의 간섭과 통제가 심하면 아이는 말을 듣지 않고 저항합니다. 반항심이 커지면 아이는 공격적으로 변하거나, 힘에 굴복하며 수동적이고 의존적인 아이가 됩니다.
- 부모의 통제는 자신의 습관입니다. 부모 스스로 자신의 양육 방식을 관찰하여 아이에게 간섭과 일방적 통제보다는 격려하는 호기심 질문을 함으로써 행동할 수 있도록 기다려 줍니다.
- 아이는 스스로 만족할 때 행동하며, 그에 대한 결과도 책임지게 됩니다.

📣 우리 엄마의 긍정 훈육 말공부

지시하는 말 대신 격려하는 호기심 질문을 합니다. 아이는 질문을 받음으로써 스스로 선택하고 결정하며 책임지는 훈련을 합니다.

1. 지시: 식사 마치고 ○○해라.
   호기심 질문: 식사 후 계획을 말해 볼까?

2. 지시: 비 오는데 그렇게 얇은 옷을 입고 가니? 이 옷 입고 가.
   호기심 질문: 오, 그 옷 입고 가고 싶구나? 근데 비가 많이 와서 좀 추울 것 같은데, 다른 대안을 생각해 볼까?

3. 지시: 또 싸우니? 너흰 늘 그 모양이구나. 뭐가 되려 하니?
   호기심 질문: 너희들이 늘 싸우니 엄마도 불안하구나. 어떻게 하면 둘이 싸움을 그만둘까? 엄마는 무엇을 도와주어야 하지?

Lesson 2

긍정 훈육은 무엇일까요?
허용적인 것과 단호함
긍정적 타임아웃

훈육: 무엇을 시도해 보았나요?

시도해 보지 않은 것이 없다고 말하는 부모들은 어떤 훈육법들을 시도해 본 걸까요? 생각해 보고 아래 칸에 적어 봅시다.

이제 '아이들의 세계'로 들어가 그들이 위에 적은 방법들을 통해 배울 수 있는 것이 무엇일지 생각해 보세요.

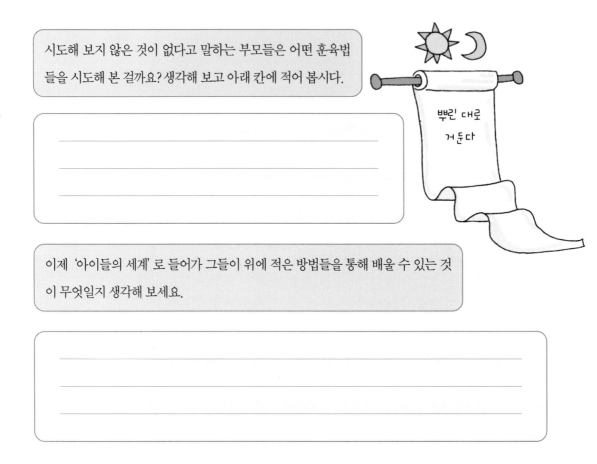

29쪽에는 부모들이 일반적으로 사용하는 훈육 방법과 그 방법이 아이들에게 전달하는 메시지를 정리하고 있습니다. 여러분의 답변과 비교해 보세요.

부모들은 어떤 훈육 방법을 시도해 보았을까요?

체벌하는 훈육 방법	아이들이 배우는 것
• 엉덩이 때리기 • 소리지르기 • 협박 • 체벌 • 거리두기 • 권리 빼앗기 • 잔소리 • "백 번은 말했을 거야." • 무관심 • 칭찬 • 포상하기 • 과잉보호 • 구제해 주기 • 비교하기 • 포기	• "사람을 때려도 괜찮구나." • 무시(말을 듣지 않음) • 부모의 말과 행동이 일치하지 않는다고 믿음 • 싸움/회피 • 저항 혹은 반항 • 회피 또는 보복할 방법 모색 • 힘겨루기 • 부모의 허락에 의존하게 됨 • 주기 전에 먼저 받아야 함 • 버릇이 없어짐 • "난 능력이 없어." • 시키는 대로 하며 의사결정에 어려움을 갖게 됨 • 소속감을 잃어버림 • 포기하거나 위험한 곳에서 사랑을 찾게 됨

그렇다면 왜 부모들은 장기적으로 볼 때 효과적이지 않은 방법들을 사용할까요?

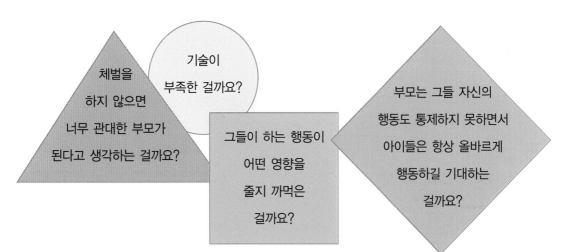

기술이 부족한 걸까요?

체벌을 하지 않으면 너무 관대한 부모가 된다고 생각하는 걸까요?

그들이 하는 행동이 어떤 영향을 줄지 까먹은 걸까요?

부모는 그들 자신의 행동도 통제하지 못하면서 아이들은 항상 올바르게 행동하길 기대하는 걸까요?

활동: 능력 있는 거인

1. 부모들이 사용하는 훈육 방법 중 여러분이 지금까지 가장 자주 사용해 온 방법을 한 가지 선택한 후 친구와 공유해 보세요.

2. 여러분의 친구에게 역할극에 참여하여 여러분이 아이의 입장을 이해할 수 있도록 도와줄 수 있는지 물어보세요. 친구가 요청에 응한다면 여러분이 바닥에 무릎을 꿇고 있는 동안 친구는 의자 위에 서 있도록 합니다. 그리고 약 20초 동안 친구에게 여러분이 1번에서 선택한 방법을 과장하여 여러분에게 표현해 달라고 부탁하세요.

3. 친구와 역할을 바꿔 가면서 꾸중과 잔소리를 듣고, 소리 지르는 행동에 대해 아이의 입장을 경험해 보도록 합니다.

4. 역할극이 끝나면 친구와 여러분의 생각, 느낌, 그리고 결정을 공유해 보세요. 아이의 입장과 어른의 입장을 모두 고려해 보세요. 아이들은 자신이 선택하고 결정하는 것을 항상 인지하지는 못한다는 사실을 기억하세요. 아이의 입장에서 이런 경험을 했을 때 무엇을 배우고 미래에 어떤 행동을 할 것 같은지 생각해 보세요. 그것이 아이가 스스로 선택하여 내린 결정입니다.

5. 32쪽으로 넘겨 '체벌의 세 가지 R'을 읽어 보세요. 여러분은 어린 시절 세 가지 R을 겪어 본 적이 있나요?

6. 아이의 마음속에 꾸중에서 비롯된 부정적인 감정이 남아 있지 않도록 사과하고 아이를 꼭 안아 주세요.

아이를 존중해 주세요. 아이를 무시하고 처벌했다면 아이에게 미안하다고 말해 주세요. 아이가 존중받는다고 느끼면, 행동도 달라질 것입니다.

여러분은 무엇을 배웠습니까?

미래

자신의 가치에 대한 믿음
책임감
자기확신
용기
의사소통
문제 해결 기술
동기부여
정직
유머 감각
행복함
자기존중
유연한
회복탄력성
호기심 있는
자신과 타인에 대한 존중
공감
배려
자신의 능력에 대한 믿음

'미래의 행동 변화' 영역을 확인하면서 역할극을 통해 여러분이 배운 점이 무엇인지 생각해 보세요.

유용한 정보

존중하는 태도: 아이들을 대할 때 존중하는 태도를 가지면 어떠한 변화가 일어날 수 있는지 확인해 보세요.

눈높이 맞추기: 여러분은 무릎을 꿇거나 아이에게 앉으라고 부탁함으로써 그들과 눈높이를 맞출 수 있습니다.

좋은 부모는 완벽할 필요가 없다는 사실을 기억하세요. 발전하기 위해 노력하는 것입니다. 여러분의 실수를 인정하고 다시 시도해 보면서 부모도 발전해 갑니다.

장기적 결과

여러분이 체벌을 통한 순간적 행동 제지 또는 보상을 통한 단기적 순응을 원한다면 외적 동기부여를 통해 목적을 이룰 수 있을 것입니다. 하지만 이러한 양육 방법들은 아이들의 내적 동기부여와 여러분이 기대하는 장기적 성격과 능력 발달에 도움을 줄 수 없습니다.

체벌의 세 가지 R

- 반항(Rebellion): "엄마, 아빠가 뭐라고 하든 상관없어. 나는 내가 원하는 대로 할 거야."
- 앙갚음(Revenge): "내가 아픈 만큼 엄마, 아빠도 아프게 할 거야. 그러면 나도 아프겠지만 어쩔 수 없어."
- 퇴행(Retreat)
    1. 낮은 자존감: "난 나쁜 사람인 게 틀림없어."
    2. 영악함: "다음번엔 걸리지 않아야지."

행동 뒤에 숨겨진 믿음

아이들은 경험한 일에 대한 반응으로 특정 결론을 내리며 그 결론은 아이들의 삶에 큰 영향을 미치지만, 대부분의 부모는 이 사실을 알지 못합니다. 아이들 자신조차도 그들 자신이 내린 결정에 대해서 의식적으로 자각하지 못하지만, 그 결정은 인생 전체에 지대한 영향을 미칩니다.

긍정 훈육이 허락하지 않는 것들

다음은 긍정 훈육을 위해서 피해야 할 사항들입니다.

- 체벌
- 방임
- 보상
- 칭찬
- 과잉보호(문제를 대신 해결해 주거나 구제해 주는 행동)
- 체벌식 타임아웃(외출 금지)
- 권리를 빼앗는 행동

긍정 훈육은 아이에게 모멸감을 주지 않습니다. 아이의 잘못을 비난하지 말고, 수치심이나 고통을 주는 행동은 하지 마세요.

체벌은 변화를 가져오지 않습니다. 복종 또는 반항을 야기할 뿐입니다.

지나치게 관대한 부모 밑에서 아이들은 "나는 세상의 중심이야. 그리고 나를 사랑한다면 내가 원하는 것을 주고 나를 보살펴 줘야 해." 혹은 "나는 혼자서는 아무것도 할 수 없어. 다른 사람이 실망하는 모습을 견딜 수 없어." 라는 믿음을 갖게 됩니다.

긍정 훈육은 행위 주체를 소중한 인간으로 인정하고 수용하나, 행동의 기준은 해야 할 것과 하지 말아야 할 것이 분명합니다.

여러분을 돕기 위한 긍정 훈육 도우미

훈육 능력을 향상시켜 주는 51가지 카드

위 그림은 긍정 훈육 도우미 카드의 몇 가지 예시를 보여 주고 있습니다. 각 카드는 체벌과 지나치게 관대한 태도를 대체할 수 있는 방법들을 제시합니다.

모든 카드에 있는 훈육 방법은 긍정 훈육의 다섯 가지 기준을 만족시킵니다. 반면, 체벌과 지나치게 관대한 양육 태도는 이 기준을 만족시키지 못합니다.

실습: 어려움을 마주했을 때, 무작위로 위의 카드에 있는 방법 중 하나를 선택하세요. 카드에 적힌 방법이 여러분에게 필요한 방법일 수도 있습니다. 아이도 카드를 선택할 수 있게 해 주세요. 어떤 방법이 더 효과적일지 아이와 함께 의논해 보세요.

긍정 훈육법의 다섯 가지 기준

긍정 훈육법의 다섯 가지 기준

1. 허용과 단호함을 동시에 표현합니다(아이를 존중하고 용기를 북돋아 줌).

2. 아이들로 하여금 소속감과 자존감을 느끼게 합니다(교감).

3. 장기적 효과가 있습니다(36~37쪽 참조).

4. 좋은 성품을 발달시키기 위해 꼭 필요한 사회적 기술과 능력을 가르칩니다.

5. 아이들 스스로 자신의 능력을 발견하고 그것을 체계적

   으로 활용할 수 있도록 도와줍니다.

긍정 훈육법의 다섯 가지 기준을 실천하기 전에 기존에

가지고 있던 그릇된 믿음을 버려야 할 필요가 있습니다.

1. 양육 방식이 때로는 너무 허용적이거나 때로는 너무 단호하진 않나요?

2. 체벌은 인격을 모독하는 나쁜 방법이라는 생각을 바탕으로 너무 하용적인 양육 태도를 갖고 있

   진 않나요?

3. 버릇없는 아이들로 키우고 싶지 않아 체벌을 하며 너무 엄격한 태도를 갖고 있진 않나요?

4. 허용적이거나 단호한 양육 태도를 번갈아 가며 사용하지만 어떠한 방법도 나와 자녀를 행복하

   게 만드는 데 도움이 되지 않아 화가 나 있진 않나요?

긍정 훈육법을 통해 여러분은 이러한 극단적인 선택을 피할 수 있습니다.

허용적인 것과 단호함을 동시에 표현해야 하는 이유

긍정 훈육의 기반은 허용적인 것과 단호함을 동시에 표현하는 데 있습니다. 어떤 부모들은 허용적이지만 단호하지 않고, 또 어떤 부모들은 단호하지만 허용적이지 않습니다. 많은 부모는 두 가지 양육 태도를 번갈아 가며 취합니다. 그들은 아이들의 태도를 감당할 수 없을 때까지만 허용적이고 (아이들은 허용적이기만 한 부모 아래서 버릇없는 행동을 하게 됨) 폭군 같은 그들 자신의 모습을 견딜 수 없을 때까지만 단호한 태도를 취합니다.

단호함이 없는 허용은 방임입니다.

허용이 없는 단호함은 엄격함입니다.

허용적인 것과 단호함 동시에 표현하기

• (감정 확인) 노는 것을 멈추기가 어렵다는 것을 알아. 그런데 지금은 _____ 할 시간이야.

• (이해) 숙제를 하는 대신 텔레비전을 보고 싶다는 것 이해해. 그런데 숙제는 먼저 끝내야 할 일이야.

• (방향 수정) 너는 양치를 하고 싶지 않고 우리는 함께 양치를 할 거야. 누가 더 빨리 하는지 시합할까?

• (사전 동의) 장난감을 치우고 싶지 않다는 것을 알아. 그런데 우리가 약속한 건 뭐였지?

• (선택권 주기) 지금 잠자리에 들고 싶지 않다는 것을 알아. 그런데 지금은 취침 시간이야. 잠옷으로 갈아입으면 동화책 한 권을 읽어 줄까, 두 권을 읽어 줄까?

• (선택권을 주고 말한 대로 행동하기) 계속 게임을 하고 싶다는 것 알아. 그런데 약속한 게임 시간은 끝났어. 지금 끝내지 않으면 이번 주엔 더 이상 게임을 못 할 거야.

허용적이고 단호한 질문에서 '그리고'가 갖는 의미

최근에 아이가 여러분이 원하는 행동 또는 원하지 않는 행동을 거부한 힘겨루기 상황을 생각해 보세요. 일어난 일을 묘사해 보세요. 누가 어떤 말을 했는지, 누가 어떤 행동을 했는지, 무슨 일이 일어났는지 적어 보세요.

_____

_____

_____

여러분이 적은 내용을 다시 한 번 읽어 보면서 여러분의 말 또는 행동 중 단호하지만 허용적이지 않았던 부분에 밑줄을 그어 보세요. 허용적이었으나 단호하지 못했던 행동 또는 말에는 동그라미를 치세요.

아이의 세계로 들어가 여러분의 말과 행동에 대한 아이의 생각, 느낌, 그리고 결정을 추측해 보세요.

_____

_____

_____

이제 여러분 자신을 허용적인 것과 단호함을 동시에 표현하는 부모라고 믿고 상황을 재구현해 보세요. ①번째 줄에는 허용적으로 아이의 감정을 확인하고 아이가 원하는 것에 대한 이해를 표현하세요. ②번째 줄에는 단호하게 아이가 해야 할 일에 대해 언급하세요(36쪽 참조). 그리고 ③번째 줄에는 (도움이 될 것 같다면) 선택권을 주거나 방향을 수정할 수 있는 문장이나 여러분이 앞으로 취할 행동에 대한 문장을 더해 보세요.

① _____

② _____

그리고 ③ _____

(세 번째 문장은 상황에 따라 필요하지 않을 수도 있다는 사실을 기억하세요.)

왜 이렇게 어려운 걸까요?

실행하고 싶은 훈육 방법은 찾았지만, 같은 실수를 반복하고 있진 않나요?

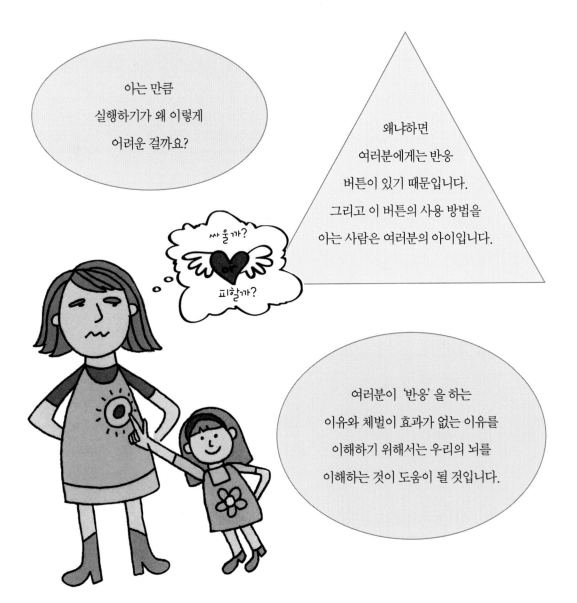

아는 만큼
실행하기가 왜 이렇게
어려운 걸까요?

왜냐하면
여러분에게는 반응
버튼이 있기 때문입니다.
그리고 이 버튼의 사용 방법을
아는 사람은 여러분의 아이입니다.

싸울까?

피할까?

여러분이 '반응'을 하는
이유와 체벌이 효과가 없는 이유를
이해하기 위해서는 우리의 뇌를
이해하는 것이 도움이 될 것입니다.

손바닥 안에 뇌

대니얼 시걸(Daniel Siegel)의 『Parenting from the Inside Out』에 소개된 방법

설명

- 손바닥을 펴 보세요.

- 손바닥과 손목 사이는 뇌간을 나타냅니다. 뇌간은 투쟁/도피/중지 반응을 담당하는 부위입니다.

- 엄지손가락을 접어 보세요. 엄지손가락은 중간뇌(편도체)를 의미합니다. 내적 부족함의 기반이 되는 좋지 않은 기억 및 소속감과 자존감을 갖기 위해 부적절하게 결정한 것들은 이곳에 저장되어 있습니다.

- 접힌 엄지손가락 위로 나머지 네 손가락을 접어 주먹을 만드세요. 주먹은 피질을 의미합니다. 전두엽 피질은 이성적인 생각과 감정 통제가 일어나는 부위입니다. 이곳은 감정, 대인관계, 융통성, 직관력, 사회 인지, 자기인식, 도덕성을 조절하고, 두려움을 이겨 내는 데 관여합니다.

- 화를 낼 때 여러분의 뇌는 '뚜껑이 열리고'(네 손가락을 들어 중간뇌를 노출) 오래되고 비이성적인 감정과 투쟁-도피 반응을 바탕으로 행동하게 됩니다.

유튜브를 통해 대니얼 시걸 박사의
안내를 들을 수 있습니다.

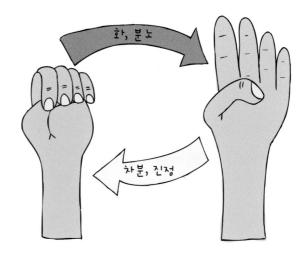

뚜껑이 열린 뇌로는 문제를 해결할 수 없습니다

왜 부모들은 자신과 아이가 모두 흥분한 상태에서 아이의 행동을 고치려 하는 걸까요?
- 아이가 잘못을 인정하지 못할까 봐 두려워서
- 부모의 역할을 제대로 못하고 있다고 생각해서
- 부적절한 행동을 영원히 고치지 못할까 봐

누가 여러분에게 아이의 행동을 바로잡기 위해서는 먼저 아이의 감정을 상하게 해야 한다고 가르쳐 줬나요?

아이의 기분이 좋아야 행동도 개선됩니다.

우리는 처벌을 하는 것에 익숙하며, 본능적으로 익숙한 행동을 반복합니다.

달래고, 문제를 대신 해결해 주며, 눈감아 주는 것은 아이의 기분을 완화시키고, 단기적인 효과는 있을 수 있지만 올바른 훈육 방법이 아닙니다. 대신 장기적인 관점으로 처벌보다 격려해 주세요. 아이에게 자신이 격려받는 것을 느낄 수 있는 시간을 주는 것만으로도 충분할 수 있습니다. 아이는 어려움을 견뎌 내는 방법과 도전하며 자신감을 잃지 않는 방법을 배울 것입니다. 격려는 아이들이 스스로 유능감을 경험하도록 해 줍니다.

뇌와 아동 발달

아이 스스로가 통제할 수 없는 발달학적으로 정상적인 행동에 대해 벌을 받는 것은 너무나 안타까운 일입니다. 어린아이가 주변 환경을 탐색하고 한계를 시험하는 것은 발달학적으로 올바른 행동입니다. 이것을 이해한다면 여러분은 허용적이며 단호한 훈육 방법을 사용할 수 있을 것입니다.

전두엽 피질은 여러분으로 하여금 옳고 그름을 판단하고(도덕성), 감정을 조절하고(자기조절), 반응하는 대신 대답을 할 수 있게 하는(이성) 부분입니다.
전두엽 피질은 25세까지 발달을 멈추지 않으며, 그래서 아이들의 전두엽 피질은 완전히 발달되지 않았습니다. 그들은 어른들처럼 자신을 조절할 수 있는 능력이 없습니다. 그렇기 때문에 그들의 뇌가 이해할 수 있을 때까지 여러분은 아이들에게 자기조절의 모범이 되어 주어야 합니다.

Key: 뇌의 뚜껑이 절대 열리지 않도록 조심하라는 것이 아닙니다. 이 과정의 요점은 무슨 일이 일어나고 있는지 조금 더 빨리 인지해야 한다는 것입니다.
상황에 대한 판단력이 증가할수록 조금 더 빨리 안정감을 되찾을 수 있는 방법을 모색할 수 있을 것입니다. 그리고 여러분의 모습을 통해 아이들은 자기조절 방법을 배울 수 있습니다.

아기들이 "안 돼."를 이해하지 못하는 이유

어떤 부모들은 한두 살 된 아이가 "안 돼." 를 이해할 수 있다고 생각합니다. 그래서 그들은 아기의 손을 치며 "안 돼, 안 돼."라 고 말합니다. 어른의 "안 돼."를 이해하지 못하는 아기들은 부모의 말이 혼란스러울 뿐입니다.

다음 실험은 긍정적 타임아웃도 다섯 살 미 만의 아이들에게는 효과가 없는 이유를 설 명합니다. 그들은 높은 수준의 원인과 결과 를 이해하지 못하기 때문에 불신과 수치심 을 느끼게 될 수 있습니다.

피아제 실험

1. 동일한 크기의 컵 두 개, 길고 가느다란 컵 한 개, 짧고 넓은 컵 한 개를 준비합니다.

2. 동일한 크기의 컵 두 개에 다섯 살 아이가 동일한 양이 담겼다고 생각할 때까지 물을 채우세요.

3. 그리고 아이 바로 앞에서 한 컵에 담긴 물 을 길고 가느다란 컵에 붓고 다른 컵에 담 긴 물은 짧고 넓은 컵에 부으세요.

4. 그리고 아이에게 두 컵에 담긴 물이 여전히 같은 양인지 물어보세요. 아이는 "아니요." 라고 대답하고 어떤 컵에 더 많은 양의 물 이 담겼다고 생각하는지 말해 줄 것입니다.

5. 같은 실험을 일곱 살 아이와 진행해 보세 요. 아이는 모양이 다른 두 컵에 여전히 같 은 양의 물이 담겨져 있다고 답할 것이고 그 이유도 말해 줄 것입니다.

가장 일반적으로 사용되고 있는 훈육 방법

- 체벌의 타임아웃
- 외출 금지
- 방에 혼자 있게 하기
- 반성문 작성하기
- "네가 뭘 잘못했는지 생각해 봐!"
- 용돈 줄이기

실습

퇴근 후 귀가한 여러분의 모습을 상상해 보세요. 여러분의 배우자가 현관에서 "어서 와." 인사를 하고 "당신이 아침에 화장실을 그렇게 더럽히고 가버린 것 알아요? 당신이 어지른 것을 치우는 것도 지긋지긋해. 방에 들어가서 당신이 한 행동에 대해 생각해 보고 내가 말할 때까지 나오지 마." 라고 말합니다.

여러분은 어떤 생각이 들까요?

어떤 기분이 들까요?

어떤 행동을 하기로 결심할까요?

이제 아이가 타임아웃을 경험할 때 어떤 기분, 감정을 갖고 어떤 결심을 할지 생각해 보세요. '미래의 행동 변화' 영역으로 가서 여러분의 행동을 통해 아이가 배울 수 있는 것이 영역에 포함되어 있는지 확인해 보세요.

여러분은 무엇을 배웠습니까?

미래

자신의 가치에 대한 믿음

책임감

자기확신

용기

의사소통

문제 해결 기술

동기부여

정직

유머 감각

행복함

자기존중

유연한

회복탄력성

호기심 있는

자신과 타인에 대한 존중

공감

배려

자신의 능력에 대한 믿음

'미래의 행동 변화' 영역을 다시 확인하면서 체벌의 타임아웃을 경험하는 아이의 입장에서 배울 수 있는 것이 무엇일지 생각해 보세요.

아이가 "엄마, 아빠 정말 고마워요. 이번 타임아웃 시간은 정말 많은 도움이 됐어요. 많은 걸 배우게 해 주셔서 감사해요. 이렇게 항상 격려를 해 주시니 제 문제들을 다 말할 수 있을 것 같아요."라고 생각할까요?

글쎄요.

아이는 앙갚음을 결심하고 있을 수도 있습니다. 다음에는 걸리지 않겠다고 다짐할 수도 있습니다. 혹은 자신이 사랑받을 수 없는 나쁜 아이라고 생각할 수도 있습니다.

아이와 함께 긍정적 타임아웃 공간 꾸미기

아이와 앉아 함께 긍정적 타임아웃 공간을 꾸며 보세요. 아이에게 "때로 우리는 화가 나고 그 화를 가라앉힐 시간이 필요해(운동경기에서 갖는 타임아웃처럼). 우리 함께 긍정적 타임아웃 공간을 만들어 보자. 엄마, 아빠는 너를 혼내려는 게 아니라 네 기분이 나아질 수 있는 공간을 만들려고 하는 거야. 공간을 정하고는 네 기분을 좋게 만들 수 있는 물건들로 채워 놓도록 하자. 어떤 물건으로 채우고 싶니?"라고 물어보세요. 아이는 베개, 인형, 책, 음악 등을 원할 수 있습니다. 아이의 기분을 완화시킬 수 있는 물건들을 적어 보세요.

타임아웃은 체벌이라는 인식이 강합니다. 이러한 인식을 바꾸기 위해 아이에게 타임아웃 공간에 이름을 붙일 수 있게 해 주세요. 이름을 붙임으로써 아이는 공간에 대한 책임감을 가질 수 있게 될 것입니다. 자신의 행동을 돌아보고, 다른 행동을 선택할 기회를 갖게 됩니다.

기분 좋은 나만의 장소
진정하는 자리
나만의 소중한 공간

아이는 자기만의 타임아웃 공간을 만들고자 하는 의지를 가질 수 있습니다. 새까만 벽보다는 창의적인 공간을 만들어야 한다는 것을 가르쳐 주세요.

긍정적 타임아웃 사용 방법

일방적으로 아이에게 타임아웃을 강요하는 대신 다음
과 같은 질문을 해 보세요.

1. 나만의 소중한 공간으로 가는 게 도움이 되겠니?

2. 엄마, 아빠랑 같이 갈까?

3. 내가 먼저 가 있을까?

대안

"지금 너에게 도움이 될 수 있는 다른 방법이 뭐가
있을까?"라고 물어보세요.

1. 이 문제를 가족 달력에 적어 놓을까?

2. 긍정 훈육 도우미 카드에서 해결 방법을 골라 보
   세요.

3. 의사결정 회전판을 사용하세요(레슨 5 참조).

4. 아이와 함께 뛰어놀며 기분을 완화시키세요.

5. 기분이 나아질 때까지 소리를 지르고 감정을 표
   현하게 해 주세요.

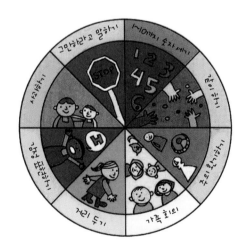

기억해야 할 것들

1. 네 살 미만의 아이에게는 긍정적 타임아웃도 거의 효과가 없습니다.

2. 아이의 연령에 맞는 다양한 긍정 훈육법을 활용합니다.

실천하기

- 여러분의 경험을 바탕으로 다음 세 가지 항목에 대해 적어 보고 읽어 보세요.

> 무엇을 배우고 느꼈나요?
>
> 어떤 것을 실천했나요?
>
> 다음에는 어떻게 행동할 건가요?

- 긍정 훈육 네트워크(www.positivediscipline.ning.com)는 멤버들이 긍정 훈육을 활발하게 적용할 수 있도록 도와주기 위해 설계되었습니다. 이 공간을 통해 멤버들은 그들이 겪고 있는 문제들을 서로 나누고 용기를 북돋아 줄 수 있습니다.

- 아이와 갈등을 겪고 있다면 긍정 훈육 도우미 카드를 활용해 보세요. 아이와 함께 임의로 카드를 선택하여 그중 어떤 방법이 아이와의 문제를 해결할 수 있을지 결정해 보세요.

> 완벽할 수 없다는 사실을 항상 기억하세요. 완벽한 부모가 좋은 부모라는 생각을 내려놓으세요.

훈육 도우미

- 긍정 훈육은 부모들에게 처벌보다는 격려를 하여 아이의 생활 방식이 긍정적으로 형성 되도록 도와줍니다.
- 아이 스스로 자신을 소중하게 여기고 유능감을 키워서 타인도 배려하는 건강한 사회인 으로 자라도록 훈육 기준과 방법을 훈련합니다.
- 부모 스스로 자신의 잘못된 양육 방식을 통찰하고 변화하도록 생활 속 긍정 훈육법의 실천을 돕습니다.
- 우리의 행동은 경험만으로 쉽게 수정되지 않습니다. 체험에 의한 성찰로 깨닫고 배움이 있을 때 행동 변화로 일어납니다.

🔊)) 우리 엄마의 긍정 훈육 말공부

체벌은 순간 효과가 있을 수 있으나, 반항, 보복, 거리 두기 등의 부정적 결과가 더 많습니다. 체벌 대신 늘 '안아 주기'를 하며, 아이 스스로 소중함을 느끼고 존중할 수 있도록 격려합니다.

1. 체벌: 너 자꾸 말대꾸하는구나. 넌 참 어쩔 수 없다.
   격려: 오늘 속상한 일이 있구나? 그래, 속상했던 일을 모두 이야기해 볼래?

2. 체벌: 또 맞고 왔니? 맞을 행동을 했구나.
   격려: 어머! 아프겠다. 속도 많이 상했겠다. 엄마도 네가 아픈 것을 보니 마음이 상한다. (꼭 안아 준다.) 진정되었니? 그럼 어떻게 해서 이런 일이 벌어졌니?

3. 체벌: 약속을 어겼구나. 너만 꼭 지키지 않는구나.
   격려: 사정이 있었겠지만 약속을 지켰으면 좋겠어. 네가 약속을 계속 어기니까 엄마도 화가 나네. 다음부턴 약속을 정할 때 너의 의견을 최대한 반영해 보자.

Lesson 3

행동의 의도

그릇된 목적 차트

출생 순위와 형제자매 간 경쟁

긍정 훈육은 완벽한 부모가 되기 위한 훈련이 아닙니다

긍정 훈육을 통해 여러분은 완벽한 부모가 되는 것이 아닙니다. 완벽한 부모에 대한 환상을 내려 놓으세요. 정상적인 부모로서 여러분은

때론 부모로서 보람을 느낍니다.

때론 부모라는 역할이 싫을 수도 있습니다.

저는 완벽한 부모를 만나 본 적이 없습니다. 여러분 또한 그럴 것입니다. 여러분이 긍정 훈육을 접하게 된 이유는 좋은 부모가 되고 싶기 때문일 것입니다. 발전을 위한 노력은 긍정적이지만 완벽주의는 그렇지 않습니다. 실수를 했다고 자신을 자책하는 행동은 이제 멈추시길 바랍니다.

여러분의 실수를 허용하세요. 실수가 가진 이점에 대해 생각해 보세요. 여러분은 자신을 용서하고, 사과하며, 해결책에 집중하고, 다시 용기내어 도전하는 연습을 할 수 있는 많은 기회를 얻을 수 있을 것입니다.

아이들에게 기대하는 행동을 먼저 실천해 보세요. 그래서 아이들이 실수를 했을 때 그들 자신과 타인을 허용하는 방법을 배울 수 있게 해 주세요. 여러분의 모습을 보고 아이들은 실수를 인정하고 문제 해결에 초점을 맞추는 방법을 배울 수 있을 것입니다.

부모들이 실수를 했을 때 자책을 하기 때문에 아이들은 쉽게 좌절하며 포기하고 의존하게 됩니다.

훈육 패러다임 전환

좌절감을 주는 도구 모음

잔소리   소리 지르기   협박   훈계   체벌식 타임아웃

통제   공격적 반응   방어적 태도

비아냥/무시   의심   탓하는 태도

체벌   비난   망신을 줌

과도한 칭찬과 보상   대신해 주는 행동   구제

해결책을 찾는 대신 결과를 강요함   매를 드는 행동

완벽함 요구

과거의 행동에 대한 처벌을 내림

용기를 주는 도구 모음

허용적인 것과 단호함   실행할 행동을 결정

아이에 대한 믿음   말한 대로 행동하기   의사결정 회전판

제한된 선택권 제공   훈련을 위한 충분한 시간 갖기   작은 것에 만족

관심을 다른 곳으로 돌리기   격려   결과를 스스로 경험하게 하기

해결책에 집중   긍정적 타임아웃   포옹

아이와 함께 하기   특별한 시간   발전을 기대

문제 해결에 아이를 참여시키기   일과표 작성

실수를 만회하기 위한 네 가지 R   호기심 질문   능동적/반사적 경청

훈육은 아이들이 미래를 위해 배울 수 있고 성장하도록 도와줍니다.

행동의 의도

리뷰

- 아이가 하는 행동의 주된 목적은 인정받음으로써 소속감과 자존감을 느끼는 것입니다. 하지만 많은 경우 그들은 소속감과 자존감을 찾는 방법에 대한 그릇된 목적을 갖게 됩니다. 이는 '그릇된 목적 차트'에 설명되어 있습니다(65쪽 참조).
- '행동의 의도'를 이해해야 하는 이유는 여러분이 드러난 행동만을 중요시하기 때문입니다. 아이들의 행동 이면의 숨겨진 의도에 초점을 맞춰야 합니다.

대부분의 부모는 모든 행동에 의도가 있다는 사실을 알지 못합니다.

형제간 잦은 싸움으로 늘 시끄럽다면 어떻게 할 건가요? 부모는 싸우지 않도록 하는 동시에 형제끼리 사이좋게 지내는 법을 익히도록 노력해야 합니다. 긍정 훈육법을 사용하여 여러분은 싸우지 않도록 하는 동시에(행동 변화를 위한 동기부여) 아이의 믿음을 변화시킬 수 있을 것입니다.

자신의 위치를 잃은 아이

다섯 살 아이는 엄마가 어느 날 병원에 갔다가 갓난아이와 함께 집으로 돌아오는 것을 보았습니다. 첫째 아이는 엄마와 아기 사이에 무엇이 오가고 있다고 생각할까요? 아이는 그것이 무엇을 의미한다고 생각할까요? ('엄마는 나보다 아기를 더 사랑해.') 아이는 사랑을 되찾기 위해 어떤 행동을 할까요? (울거나, 젖병을 달라고 하거나, 바지에 소변을 보면서 자신도 아기처럼 행동하려 할 것입니다.)

동생을 갖게 된 후, 첫째 아이는 예전과 다른 부모의 행동에 소외감을 느끼게 됩니다.

첫째가 되는 건 참 힘들어.

요즘엔 더욱더 재미없어.

왜 나만 혼나는 거야?

난 아기였을 때가 가장 행복했지.

엄마, 아빠, 그리고 나만 있을 때 말이야.

하지만 이젠 한 명이 더 늘었고

"엄마는 더 이상 나를 사랑하지 않아."

아기를 다시 병원으로 보내고

다시 나한테 주목해 주세요.

나도 사랑받고 싶어요.

사랑을 가르쳐 줄 수 있는 촛불 실험

다섯 살 은미는 동생이 태어난 이후로 자신이 충분한 관심을 받지 못하고 있다고 느꼈고 동생에 대해 어떠한 감정을 가져야 하는지 혼란스러워했습니다. 때로는 동생을 사랑했지만 엄마, 아빠가 동생에게만 관심을 줄 땐 동생이 태어나지 않았으면 좋았을 거라는 생각을 했습니다. 그녀는 어떻게 관심을 받아야 할지 몰라 그녀 자신도 아기처럼 행동했습니다.

어느 날 저녁, 아기가 잠들었을 때 엄마는 은미와 식탁에 앉아 "은미야, 우리 가족에 대해 해 주고 싶은 이야기가 있어."라고 말했습니다. 그녀는 서로 다른 길이의 양초 네 개를 식탁에 올려놓고는 은미에게 "이 양초들은 우리 가족을 의미해."라고 설명하였습니다. 그녀는 긴 양초를 하나 들고 "이건 엄마 양초야. 내 양초지."라고 말했습니다. 그리고 양초에 불을 붙이며 "이 불빛은 내 사랑을 의미해."라고 말해 주었습니다. 엄마는 다른 긴 양초를 들고 "이건 아빠 양초야."라고 말하고는 엄마 양초의 촛불을 사용해 아빠 양초에 불을 붙였습니다. 그녀는 "엄마가 아빠와 결혼했을 때 아빠에게 내 모든 사랑을 주었단다. 하지만 여전히 엄마에게는 처음과 같은 양의 사랑이 남아 있단다."라고 말해 주며 아빠 양초를 촛대에 꽂았습니다. 그녀는 작은 양초를 들고 "이건 네 양초야."라고 말하며 그녀의 촛불을 은미 양초에 옮겨 주었습니다. 그리고 "네가 태어났을 때 엄마는 네게 내 모든 사랑을 주었단다. 하지만 봐! 아빠도 엄마도 내 모든 사랑을 여전히 가지고 있어."라고 말했습니다. 마지막으로 엄마는 가장 작은 양초에 촛불을 옮기며 "이건 네 동생의 양초야. 네 동생이 태어났을 때 엄마는 내 모든 사랑을 주었어. 물론 너도, 아빠도, 엄마도 여전히 내 모든 사랑을 가지고 있어. 왜냐하면 사랑은 그런 거니까. 너는 네가 사랑하는 모든 사람에게 사랑을 주고도 네 모든 사랑을 가지고 있을 수 있어. 우리 가족이 사랑으로 만든 불빛을 보렴."이라고 설명해 주었습니다.

(이 실험에 대한 동영상인 〈All My Love〉는 http://www.youtube.com/user/PositiveDiscipline에서 볼 수 있습니다.)

출생 순위

실습

- 여러분의 출생 순위를 바탕으로 여러분이 어렸을 때 내렸던 결정들에 대한 추측을 해 보세요. 여러분은 가족 내에서 소속감과 자존감을 찾기 위해 어떤 행동을 해야 한다고 생각했을까요? 일 기장에 여러분의 생각을 적어 보세요.
- 그리고 각 아이가 가족 내에서 소속감과 자존감을 느끼기 위해 어떤 다짐을 하고 있을지에 대해 생각해 보고 적어 보세요.

긍정 훈육 도우미

아이들이 싸울 때 편을 들지 마세요.

편을 드는 행동은 아이들에게 경쟁심을 유발시킵니다.

대신 그들을 같은 배에 태우세요. (동등하게 대하세요.)

다음은 몇 가지 예시입니다.

"얘들아, 지금 싸우는 걸 멈추겠니?

아니면 싸우지 않을 준비가 될 때까지

각자 다른 방에 들어가 있겠니?"

"얘들아, 누가 이 문제를 가족 회의 달력에 적어 놓겠니?"

"얘들아, 너희가 해결 방법을 찾을 때까지 장난감은 내가 가지고 있을게.

생각이 나면 나에게 말해 줘."

"얘들아, 의사결정 회전판을 사용해서 해결 방법을 찾아볼까?"

아이들을 행복하게 만드는 건 여러분의 역할이 아닙니다

아이들을 행복하게 만드는 것이 여러분의 역할이라고 생각한다면 아이들 또한 그렇게 생각할 것이고 그러길 기대하며 의존하고 더 많은 것을 요구합니다. ("엄마, 아빠는 날 행복하게 해 줘야 해.") 그 대신, 아이들에게 친절함, 동정심, 존중(자신과 타인에 대한)과 문제 해결 능력을 가르쳐 주세요.

유튜브에서 코니 포데스타(Connie Podesta)를 검색해 보세요.

다음 행동은 여러분의 아이를 연약하게 만듭니다.
- 기쁘게 해 주는 행동
- 구제해 주는 행동
- 과잉보호
- 원하는 걸 다 해 주는 행동
- 사랑의 이름으로 사사건건 관여하는 행동
- 너무 많은 선택권을 주는 행동
- 아이가 어려움을 느끼지 못하게 하는 행동

한 어린 소년과 나비가 등장하는 다음 이야기를 통해 모든 어려움으로부터 아이를 구제해 주는 행동이 어떻게 아이를 연약하게 만들 수 있는지 이해할 수 있을 것입니다.

소년은 번데기에서 나오기 위해 몸부림치는 나비를 보며 마음이 아팠습니다. 그는 나비를 고통으로부터 구제해 주기로 결심했고 나비를 위해 번데기를 벗겨 주었습니다. 소년은 나비가 날개를 활짝 펴고 하늘로 날아갈 생각에 몹시 흥분했지만 나비는 땅에 떨어져 죽고 말았습니다. 나비는 나는 데 필요한 충분한 근력이 없었기 때문입니다.

부모로서 아이를 어려움과 고통에 빠트려서는 안 되지만, 부모의 도움 아래 아이가 어느 정도의 고통을 느낄 수 있게 허락하는 것도 아이에게 도움이 될 수 있습니다.

예를 들어, 아이는 자신이 원하는 장난감을 가질 수 없어 '고통'을 느끼게 됩니다. 이 경험을 통해 아이가 고통을 느끼도록 허락하는 것은 아이에게 어려움을 견디고 이겨내는 탄력성을 기르게 합니다. 아이는 자신이 인생의 우여곡절을 견뎌 낼 수 있다는 사실을 배우게 되고 이는 자신감으로 이어집니다. 이때 여러분은 아이의 감정을 확인하고 이해해 줌으로써 아이를 격려해 줄 수 있습니다. 잔소리를 하는 대신 아이가 스스로 해결할 수 있다는 믿음을 가지세요.

여러분의 감정이 문제 해결의 단서입니다

옳지 않은 행동을 해결할 수 있는 방법?

여러분의 감정(두 번째 칸)이 첫 번째 단서입니다. 여러분의 감정에 대한 아이들의 잘못된 믿음은 아이의 그릇된 목적을 유발합니다.

여러분이 짜증, 귀찮음, 걱정, 죄책감을 느끼고 있다면 아이의 그릇된 목적은 과도한 관심 끌기일 수 있습니다. "엄마, 아빠가 나만 바라보고 나를 돌봐 줄 때만 소속감을 느껴."

아이의 행동이 너무 벅차서 불안함과 패배감을 느낀다면 아이의 그릇된 목적은 힘의 오용일 수 있습니다. "내가 보스야. 적어도 다른 사람이 내 우위에 있을 순 없어."

여러분이 상처를 받았거나 실망감, 싫증(일반적으로 분노로 표출)을 느끼고 있다면, 아이의 그릇된 목적은 앙갚음하기일 수 있습니다. "나는 상처를 받았기 때문에 다른 사람들에게도 상처를 주면서 앙갚음할 거야."

여러분이 좌절하여 결핍 또는 무기력함을 느낀다면 아이의 그릇된 목적은 무능력함 가장하기일 수 있습니다. "난 아무것도 제대로 할 줄 몰라. 포기할래. 혼자 있고 싶어."

활동: 과도한 관심 끌기

1. 14쪽에 여러분이 기록한 '현재의 불편한 행동' 영역으로 가 보세요. 여러분에게 짜증, 귀찮음, 걱정, 죄책감을 느끼게 하는 문제점을 선택하세요.

2. 이 문제에 대해 부모는 어떻게 반응했나요?

_____

_____

3. 부모의 행동에 대해 아이는 어떤 반응을 보였나요?

_____

_____

4. 아이의 세계로 들어가 여러분의 행동을 통해 아이가 무엇을 배웠을지 추측해 보세요.

_____

_____

5. 65쪽의 '그릇된 목적' 차트의 마지막 칸을 보고 과도한 관심 끌기를 해결하기 위해 여러분이 다음번에 사용해 볼 방법을 선택하세요.

_____

_____

6. 새로운 긍정 훈육법을 사용했을 때 부모와 아이에게 어떤 변화가 있는지 적어 보세요.

_____

_____

_____

_____

활동: 힘의 오용

1. 14쪽에 여러분이 기록한 '현재의 불편한 행동' 영역으로 가 보세요. 여러분에게 화, 분노, 도전, 실패감을 느끼게 하는 문제점을 선택하세요.

2. 이 문제에 대해 부모는 어떻게 반응했나요?

_____

_____

3. 부모의 행동에 대해 아이는 어떤 반응을 보였나요?

_____

_____

4. 아이의 세계로 들어가 여러분의 행동을 통해 아이가 무엇을 배웠을지 추측해 보세요.

_____

_____

5. 65쪽의 '그릇된 목적' 차트의 마지막 칸을 보고 힘의 오용을 해결하기 위해 여러분이 다음번에 사용해 볼 방법을 선택하세요.

_____

_____

6. 새로운 긍정 훈육법을 사용했을 때 부모와 아이에게 어떤 변화가 있는지 적어 보세요.

_____

_____

_____

활동: 앙갚음하기

1. 14쪽에 여러분이 기록한 '현재의 불편한 행동' 영역으로 가 보세요. 여러분에게 슬픔, 속상함, 억울함, 우울감을 느끼게 하는 문제점을 선택하세요.

2. 이 문제에 대해 부모는 어떻게 반응했나요?

_____

_____

3. 부모의 행동에 대해 아이는 어떤 반응을 보였나요?

_____

_____

4. 아이의 세계로 들어가 여러분의 행동을 통해 아이가 무엇을 배웠을지 추측해 보세요.

_____

_____

5. 65쪽의 '그릇된 목적' 차트의 마지막 칸을 보고 앙갚음하기를 해결하기 위해 여러분이 다음번에 사용해 볼 방법을 선택하세요.

_____

_____

6. 새로운 긍정 훈육법을 사용했을 때 부모와 아이에게 어떤 변화가 있는지 적어 보세요.

_____

_____

_____

_____

활동: 무능력함 가장하기

1. 14쪽에 여러분이 기록한 '현재의 불편한 행동' 영역으로 가 보세요. 여러분에게 무기력감, 포기, 절망감, 좌절을 느끼게 하는 문제점을 선택하세요.

2. 이 문제에 대해 부모는 어떻게 반응했나요?

_____

_____

3. 부모의 행동에 대해 아이는 어떤 반응을 보였나요?

_____

_____

4. 아이의 세계로 들어가 여러분의 행동을 통해 아이가 무엇을 배웠을지 추측해 보세요.

_____

_____

5. 65쪽의 '그릇된 목적' 차트의 마지막 칸을 보고 무능력함 가장하기를 해결하기 위해 여러분이 다음번에 사용해 볼 방법을 선택하세요.

_____

_____

6. 새로운 긍정 훈육법을 사용했을 때 부모와 아이에게 어떤 변화가 있는지 적어 보세요.

_____

_____

_____

_____

'그릇된 목적' 차트 사용 방법

'그릇된 목적' 차트가 익숙해질수록 아이의 세계로 들어가 긍정 훈육법을 사용하는 것이 더욱 쉬워질 것입니다.

자신의 감정을 파악하는 것이 익숙지 않은 부모들은 이길 수 없다는 것에 대한 패배감(그릇된 능력 과시)을 무기력함과 부족함(가정된 결핍)으로 생각할 수도 있습니다.

용기를 주는 훈육 기법들을 사용함으로써 소속감과 자존감에 대한 아이들의 그릇된 믿음을 바꿀 수 있을 것입니다.

아이들은 다른 목적을 가지고 같은 행동을 할 수도 있습니다. 예를 들어, 어떤 아이들은 과도한 관심을 얻기 위해 숙제를 하지 않거나 등교 준비를 하지 않습니다. 이러한 행동은 힘을 과시할 수 있는 좋은 방법이기도 합니다. 또 어떤 아이들은 앙갚음을 하기 위해 숙제를 하지 않기도 합니다. 그들은 '부모님은 나보다 내 성적에 더 관심이 많아. 나는 상처 받았어. 똑같이 아프게 해 줄 거야.' 라고 생각하고 있을 수 있습니다. 그리고 포기를 결심한(무능력함을 가장한) 아이들 또한 자신이 충분히 잘할 수 없다고 생각하며 숙제를 하지 않을 수 있습니다.

그릇된 목적 차트

아이의 목적	부모/선생님의 감정	부모/선생님의 행동	아이의 반응	행동 뒤에 숨겨진 믿음	아이에게 필요한 것과 진짜 부모/선생님이 할 수 있는 행동
과도한 관심 끌기(타인의 시선을 끌거나 챙김을 받기나 연연)	• 짜증 • 귀찮음 • 걱정 • 죄책감	• 상기시키기 • 달래기 • 아이가 할 수 있는 일을 대신해 주기	• 일시적으로 행동을 멈추지만 다시 같거나 다른 방법으로 관심을 끌려함 • 엄마에게 관심을 받으면 행동을 멈춤	"난 관심을 받고 특별한 대우를 받을 때만 존재의 의미가 있어. 나는 부모님/선생님이 나를 돌봐 줄 때만 중요한 사람이야."	나를 알아주세요.─나를 포함시켜 주세요. 아이에게 실용적인 일을 맡김으로써 시선을 돌리세요, "난 너를 사랑하고 _____." (예시: "나는 너를 사랑하고 나중에 너와 시간을 보낼 거야.") 특별한 대우를 해 주지 마세요, 한 번만 말하고 행동으로 보여 주세요, 특별한 시간을 계획하세요, 아이와 일과를 짜 보세요, 가족/학급 회의 시간을 활용하세요, 아무런 말 없이 아이를 포옹해 주세요, 비언어적 사인을 만드세요.
힘의 오용(보스가 되기)	• 분노 • 박참 • 불안함 • 패배감	• 다툼 • 요구 들어주기 • "이대로 넘어갈 거라 생각하지 마!" 또는 "널 그렇게 만들 거야." 라고 생각 • 아이를 이기려고 함	• 행동이 더 격해짐 • 반항적으로 행동함 • 부모/선생님이 화가 나면 자신이 이겼다고 생각 • 소극적으로 힘을 표출	"난 내가 책임지고 통제력을 가지고 있을 때나 아무도 나를 조종할 수 없음을 증명할 수 있을 때 소속감을 느껴."	도움을 주고 싶어요.─선택권을 주세요. 아이에게 특정 행동을 요청할 수 없다는 사실을 인정하고 아이에게 도움을 요청하세요, 제한된 선택권을 제공하세요, 문제로부터 한 발짝 물러나 인정을 되찾으세요, 아무 말 없이 허용적이면서 단호하게 행동하세요, 여러분이 어떻게 할 것인지 결정하세요, 아이와 계획한 일정이 따르도록 합니다. 소수의 합리적인 한도를 정하기 위해 아이의 도움을 얻으세요, 말한 대로 행동하려고 노력하세요, 아이의 관심을 긍정적인 힘으로 돌려놓으세요, 가족/학급 회의를 활용하세요.
앙갚음하기(동등해지기 위해)	• 상처받음 • 실망 • 의심 • 싫증	• 보복 • 받은 만큼 갚아 줌 • "어떻게 네가 나한테 이럴 수 있니?" • 아이의 행동을 개인적으로 받아들임	• 보복 • 타인에게 상처를 줌 • 물건을 망가뜨림 • 받은 만큼 갚아 줌 • 같은 행동을 반복하거나 다른 무기를 선택함	"난 이 가족에 소속되어 있지 않은 것 같아. 내가 아픈 만큼 다른 사람도 아프게 할 거야. 나는 사랑받을 수 없는 사람이야."	아파요.─내 감정을 이해해 주세요. 아픈 감정을 해결해 주세요. "네 행동은 내가 아프다고 말해 주고 있어. 이야기해 볼 수 있을까?" 라고 말해보세요, 반사적 경청 방법을 사용해 보세요, 아이의 행동을 개인적으로 받아들이지 마세요, 여러분의 감정을 나누어 보세요, 사과하세요, 체벌과 보복은 피하세요, 여러분의 사랑을 표현하세요, 용기를 북돋아 주세요, 가족/학급 회의 시간을 활용하세요.
무능력함 가장하기(포기하거나 좌절함)	• 절망 • 실망 • 무력함 • 결핍	• 포기 • 대신해 줌 • 과잉보호 • 아이의 능력을 믿지 않음	• 복수를 멈추지 않음 • 소극적으로 행동함 • 발전이 없음 • 반응이 없음 • 시도하지 않음	"나는 내가 소속될 수 있다고 생각하지 않아. 그러니까 난 다른 사람들이 나한테 기대하지 않게 만들 거야. 나는 무능력하고 무기력해. 독력으로 할 수 없으니까 시도조차도 믿을 필요도 없어."	나를 포기하지 마세요.─작은 것부터 알려 주세요. 훈련을 위한 충분한 시간을 가지세요, 작은 단계부터 밟아 보세요, 아이가 성공을 경험할 때까지 쉬운 일을 주세요, 아이에 대한 믿음을 표현하세요, 긍정적인 시도에는 크기에 상관없이 모두 눈치 평가를 피하세요, 포기하지 마세요, 아이의 모습을 즐기세요, 아이가 용기심을 갖게 해 주세요, "난 너를 포기하지 않을 거야." 라고 말해 주세요, 가족/학급 회의 시간을 활용하세요.

실천하기

> 무엇을 배우고 느꼈나요?
>
> 어떤 것을 실천했나요?
>
> 다음에는 어떻게 행동할 건가요?

- 여러분이 아이들과 경험한 어려움들에 대한 여러분의 감정을 살펴보세요. '그릇된 목적' 차트를 통해 아이의 그릇된 목적이 무엇일지 추측해 보세요.

- '그릇된 목적' 차트의 마지막 칸을 보고 아이와 여러분 자신을 격려할 수 있는 방법을 확인해 보세요.

- 재미를 위해 아이의 그릇된 행동을 야기했을 수 있는 여러분의 행동에 대해 생각해 보세요. 여러분이 배운 점을 적어 보세요.

- 아이와의 싸움을 잠시 멈추고 긍정 훈육 카드를 임의적으로 뽑아 보세요. 아이에게도 카드를 선택할 수 있게 해 주세요. 선택한 카드를 아이와 서로 공유해 보세요. 같은 부분과 차이가 나는 부분에 대해 말해 보세요. 자녀 입장에서 원하는 훈육 방법을 시도해 봅니다.

> 모든 행동 뒤에는 숨겨진 의도가 있다는 사실과 아이들은 항상 소속감의 빈자리를 채우려고 노력한다는 사실을 기억하세요.

훈육 도우미

- 모든 행동에는 숨겨진 의도(목적)가 있습니다. 이 목적을 분명하게 알아차리고 그때 아이의 감정을 공감하여 줍니다.

- 아이들의 최고의 목표는 '소속감'과 '존재감'이며 올바른 방법으로 이 목적을 달성하지 못할 때 그릇된 방법을 택하여서라도 중요한 사람으로 위치를 차지하여 '소속감'과 '존재감'을 느끼고자 합니다.

- 아이의 행동 변화는 그릇된 행동 이면의 숨겨진 목적을 이해하고 동기부여함으로써 시작됩니다.

우리 엄마의 긍정 훈육 말공부

인간은 늘 의미 있는 존재로 소속감과 존재감을 가지려 합니다. 이것은 인정받으려는 본능이며, 인정받는 것을 위하여 늘 존재감을 드러냅니다. 정상적인 방법으로 소속되지 못하였을 경우에는 부적절한 방법으로도 소속되려 합니다. 모든 행동은 의도가 있는데, 소속감과 존재감을 위해서 그릇된 행동을 합니다. 네 가지의 그릇된 목적은 다음과 같습니다.

1. 과도한 관심 끌기

   자녀: 엄마, 도와주세요. 저 혼자는 못해요.

   → 엄마: 엄마랑 같이 있고 싶다는 것이구나. 혼자서 안 되는 것을 같이 해 볼까?

2. 힘의 오용

   자녀: 알겠어요. 제가 알아서 할게요.

   → 엄마: 시간을 달라는 거지? 스스로 하고 싶다는 거구나? 언제까지 기다릴까?

3. 앙갚음하기

   자녀: 왜 저한테만 이런 일이 생겨요? 불공평해요.

   → 엄마: 속상한 일이 있구나. 엄마도 네가 그러는 것을 보니 안쓰럽다. 엄마에게 힘든 일을 말해 봐.

4. 무능력함 가장하기

   자녀: 저는 포기했어요. 그냥 내버려 두세요.

   → 엄마: 힘들 때는 쉬는 것도 좋은 방법이야. 너는 너 자체로 소중하단다.

Lesson 4

'그릇된 목적'에 어른들이 미치는 영향

여러분이 어릴 적 내린 미숙한 결정들

자연적, 그리고 논리적 결과

가족 회의와 일과표를 통해 해결 방법에 집중하기

어른들이 아이들의 '그릇된 목적'에 미치는 영향

실습

• 아이들은 소속되지 못하거나 능력이 없다는 '믿음'을 갖게 되면 소속감을 느끼기 위해 그릇된 목적을 선택하게 됩니다.

• 71쪽의 차트에서 '어른이 미치는 영향'을 확인해 보세요. 여러분에게 적용되는 믿음이 있나요?

• 여러분은 아이들의 현재 행동이 영원히 지속될지도 모른다는 두려움과 불안 때문에 아이의 잘 못된 믿음과 행동을 '강화시키고' 있진 않나요?

| | | 그릇된 목적을 심화시키는 |
| 그릇된 목적과 믿음 | | 어른들의 태도 |

그릇된 목적과 믿음		그릇된 목적을 심화시키는 어른들의 태도
과도한 관심 끌기: "당신이 나에게만 주목할 때에만 나는 소속감을 느껴요." 힘의 오용: "난 내가 보스일 때나 다른 사람보다 우위에 있을 때 소속감을 느껴요." 앙갚음하기: "나는 어디도 소속되어 있지 않아. 내 아픔을 다른 사람도 경험하게 할 거야." 무능력 가장하기: "포기할래. 혼자 있고 싶어요."	 	과도한 관심 끌기: "난 네가 실망감을 견딜 수 없다고 생각해." 또는 "네가 행복하지 않은 것에 죄책감을 느껴." 힘의 오용: "난 너를 조종할 수 있고, 넌 내가 말하는 대로 행동해야 해." 앙갚음하기: "난 네 생각보다 주변 사람들의 생각이 더 신경 쓰여." 무능력 가장하기: "난 너에게 높은 기대치를 가지고 있어." 또는 "난 너를 위해 일하는 게 내 역할이라고 생각해."

여러분이 아이의 그릇된 목적을 심화시킬 수도 있다는 점을 생각해 보는 이유는 여러분을 탓하기 위함이 아니라 아이 행동의 의도에 대한 관심을 높이기 위함입니다(71쪽 참조).

그릇된 목적 차트(어른이 미치는 영향)

아이의 목적	부모/선생님의 감정	부모/선생님의 행동	아이의 반응	행동 뒤에 숨겨진 믿음	어른이 미치는 영향	숨겨진 메시지	아이에게 필요한 것과 부모/선생님이 할 수 있는 행동
과도한 관심 끌기(타인의 관심을 끌기 / 나 챙김 받길 원함)	• 짜증 • 귀찮음 • 걱정 • 죄책감	• 상기시키기 • 달래기 • 아이가 할 수 있는 일을 대신해 주기	• 일시적으로 행동을 멈추지만 다시 같거나 다른 방법으로 관심을 집중함 • 일대로 관심을 받으면 문 행동을 멈춤	"난 관심을 받고 특별한 대우를 받을 때만 존재의 의미가 있어. 나는 부모님/선생님이 나를 돌봐 줄 때만 중요한 사람이야."	"넌 네가 실망감을 견딜 수 없다고 생각해." 또는 "내가 행복하지 않은 것에 죄책감을 느껴."	나를 알아주세요, 나에게 관심을 가져 주세요.	아이에게 실용적인 일을 맡김으로써 시선을 돌리세요. "넌 나를 사랑하고 ___." (예시: "나는 너를 사랑하고 나중에 너와 시간을 보낼 거야.") 특별한 대우를 해 주지 마세요, 한 번만 말하고 행동으로 보여 주세요, 특별한 시간을 계획하세요, 아이와 일과를 짜 보세요, 가족/학급 회의 시간을 활용하세요, 아무 말 없이 아이를 포옹해 주세요, 비언어적 사인을 만드세요.
힘의 오용(보스가 되기)	• 분노 • 박정 • 불안함 • 패배감	• 다툼 • 우기 들어주기 • "이대로 넘어갈 거라 생각하지 마." 또는 "널 그렇게 만들 거야." 라고 생각 • 아이를 이기려고 함	• 행동이 더 격해짐 • 반항적으로 행동함 • 부모/선생님이 화가 나면 자신이 이겼다고 생각 • 소극적으로 힘을 표현	"난 내가 부모/선생님보다 우위에 있고 통제력을 가지고 있을 때만 아무도 나를 조종할 수 없다는 것을 증명할 수 있을 때만 소속감을 느껴."	"넌 나를 조종할 수 있고, 넌 내가 말하는 대로 행동해야 해.", "난 너에게 해야 할 일을 말해 주고, 혼자, 훈계를 하는 것이 내가 발전할 수 있는 방법이라고 믿어."	나도 할 수 있어요, 선택권을 주세요.	아이에게 특정 행동을 강요할 수 없다는 사실을 인정하고 아이에게 도움을 요청하세요, 제한된 선택권을 제공하세요, 문제로부터 한 발짝 물러나 인정을 되찾으세요, 아무 말 없이 친절하고 단호하게 행동하세요, 여러분이 뭘 할 것인지 결정하세요, 아이와 계획을 정하고 보스가 되도록 합니다, 소수의 합리적인 한도를 정하기 위해 아이의 도움을 얻으세요, 말한 대로 행동하려고 노력하세요, 긍정적인 관심을 힘으로 돌려놓으세요, 가족/학급 회의 시간을 활용하세요.
앙갚음하기(똑똑하기 위해)	• 상처받음 • 실망 • 의심 • 불신	• 보복 • 받은 만큼 갚아 줌 • "어떻게 네가 나한테 이럴 수 있니?" • 행동을 개인적으로 받아들임	• 보복 • 타인에게 상처를 줌 • 물건을 망가뜨림 • 받은 만큼 갚아 줌 • 같은 행동을 반복하거나 다른 무기를 선택함	"난 이 가족에 소속되어 있지 않은 것 같아. 내가 아픈 만큼 다른 사람도 아프게 할 거야. 나는 사람들에게 사랑받을 수 없는 사람이야."	"넌 나에게 도움을 줄 수 없어. 이야기해 볼 수 있을까?" 라고 말해 보세요. 또는 "넌 네 생각보다 주변 사람들의 생각이 더 신경 쓰여."	아파요, 내 감정을 이해해 주세요.	아픈 감정을 해결해 주세요, "네 행동이 네가 아프다고 말하는 것 같아. 이야기해 볼 수 있을까?"라고 말해 보세요, 반사적 경청 방법을 사용해 보세요, 아이의 행동을 개인적으로 받아들이지 마세요, 여러분의 감정을 나누어 보세요, 사과하세요, 제벌과 보복은 피하세요, 여러분의 사랑을 표현하세요, 옳고름을 북돋아 주세요, 가족/학급 회의 시간을 활용하세요.
무능력함 가장하기(포기하거나 좌절함)	• 절망 • 슬픔 • 무력함 • 걸림	• 포기 • 대신해 줌 • 과잉보호 • 아이의 능력을 믿지 않음	• 복수를 멈추지 않음 • 소극적으로 행동함 • 발전이 없음 • 반응이 없음 • 시도하지 않음	"나는 소속될 수 없어. 다른 사람들이 나한테 기대하지 않게 만들 거야. 무능력하고 무기력해. 똑바로 할 수 없으니까 시도할 필요도 없어."	"넌 나에게 높은 기대치를 가지고 있어." 또는 "넌 나를 위해 일하는 게 내 역할이라고 생각해."	나를 포기하지 마세요, 작은 것부터 서서히 해 주세요.	훈련을 위한 충분한 시간을 가지세요, 작은 단계부터 밟아 보세요, 아이가 성공을 경험할 때까지 쉬운 일을 주세요, 아이에 대한 믿음을 표현하세요, 긍정적인 시도는 크기와 상관없이 모두 높게 평가해 주세요, 포기하지 마세요, 아이의 모습을 즐기세요, 아이가 흥기심을 갖게 해 주세요, "난 너를 포기하지 않을 거야." 라고 말해 주세요, 가족/학급 회의 시간을 활용하세요.

당신이 어릴 적 내린 결정을 살펴봅시다

지금까지 아이들이 하는 행동 저변에 있는 믿음에 대해서 탐색해 보았습니다. 여러분 또한 어린 시절 이후로 수많은 결정을 내리면서 삶을 살아왔으며, 그 결정들은 여러분의 행동에 영향을 주었습니다. 다음 실습을 통해 여러분의 인생을 돌아보고 여러분의 어린 시절에 했던 몇 가지 결심을 이해해 볼 수 있을 것입니다.

격려하기와 좌절시키기에 대한 실습

어머니나 아버지가 어린 시절 여러분에게 한 행동 중 여러분이 격려를 받았다고 느꼈던 행동(당신에게 소속감을 주고 당신의 자존감을 높여 준 행동) 한 가지를 떠올려 보세요.

_____

그 일이 일어났을 때 당신은 어떤 생각이 들었나요?

_____

당신의 느낌은 어떠했는지 한 단어로 표현해 봅시다.

_____

당신은 어떠한 결심을 하였습니까? 그리고 당신은 무엇을 하였습니까?

_____

이 결심이 당신의 삶에 어떠한 영향을 미쳤습니까?

_____

어머니나 아버지가 어린 시절 여러분에게 한 행동 중 여러분에게 좌절감을 안겨 준 행동(당신에게 소속감과 자존감을 빼앗아 버린 행동) 한 가지만 떠올려 보세요.

_____

그 일이 일어났을 때 당신은 어떤 생각이 들었나요?

_____

당신의 느낌은 어떠했는지 한 단어로 표현해 봅시다.

_____

당신은 어떠한 결심을 하였습니까? 그리고 당신은 무엇을 하였습니까?

_____

이 결심이 당신의 삶에 어떠한 영향을 미쳤습니까?

_____

자연적 결과

젖었어요!

자연적 결과는 어른의 간섭 없이 자연적으로 일어나는 결과를 의미합니다. 비가 오는 날 밖에 서 있으면 젖습니다. 먹지 않으면 배가 고픕니다. 코트를 걸치지 않으면 춥습니다.

더하기 금지

어른들이 야단을 치면서 "내가 말했지." 같은 말을 더하면 아이는 행동의 결과에 대한 감정을 스스로 느낄 때보다 더 큰 수치심, 고통, 자책감을 갖게 됩니다.

일반적으로 아이들은 실수를 하면 자책감 또는 불쾌한 감정을 갖게 됩니다. 그들은 더 잘하고 싶다고 생각합니다. 하지만 어른들이 불필요한 말을 더하게 되면 아이들은 배우는 것보다 수치심과 고통으로부터 자신을 보호하는 데 집중하게 되기 때문에 자연적 결과를 통해 배울 수 있는 교훈을 온전히 얻지 못하게 됩니다.

아이가 경험하는 것을 공감하고 이해해 주세요. "배가 고파서(옷이 젖어서, 낮은 점수를 받아서, 자전거를 잃어버려서) 속상했겠구나."라고 말해 주세요. 상황에 적합하다면 "나는 너를 사랑하고 네가 이 일을 스스로 감당할 수 있을 거라 믿어."라고 말해 주세요.

구제해 주거나 문제를 대신 해결해 주지 마세요. 부모의 입장에서 아이를 보호하고 구제해 주지 못하는 것은 어려운 일일 수 있지만 이는 아이의 자신감을 높여 줄 수 있는 가장 효과적인 방법입니다. 아이들은 경험을 통해 좋은 일과 슬픈 일을 감당하는 방법을 스스로 배우게 됩니다.

논리적 결과

논리적 결과는 자연적 결과와 달리 어른의 개입을 요구한다는 점에서 차이가 있습니다. 예를 들어, 아이가 이를 계속 안 닦으면 이가 썩게 됩니다. 이럴 때 부모의 개입이 필요한데 서로 합의하는 내용을 논리적 결과라 합니다. 따라서 아이가 사회적 능력과 삶을 살아가는 기술을 학습할 수 있는 경험을 제공하고자 한다면, 논리적 결과와 자연적 결과 중 어떠한 방식을 선택할 것인지 결정하는 일은 매우 중요합니다.

예시

1. 만약 네가 창문을 또 깬다면, 그것을 보상하기 위해서 네 용돈에서도 보태야 할 거야.
2. 만약 네가 장난감을 학교에 가지고 간다면, 선생님은 그것을 수업 시간 중 압수하고 하교 때에나 돌려주실 거야. 그런데도 가지고 갈거니?
3. 만약 이 버스를 놓치면 제 시간에 갈 수가 없단다. 앞으로 30분 빨리 일어나자.
4. 만약 옷을 빨래바구니에 넣지 않으면, 앞으로는 옷을 빨아 줄 수 없단다.

논리적 결과의 네 가지 조건(세 가지 R과 하나의 H)

1. 연관성(Related)
2. 존중(Respectful)
3. 합리성(Reasonable to everyone concerned)
4. 도움이 되는(Helpful)

만약 위의 네 가지 조건 중 하나라도 빠진다면, 그것은 논리적 결과라고 볼 수 없습니다.

논리적 결과는 자주 처벌과 혼동됩니다

논리적 결과에 대한 루돌프 드레이커스(Rudolf Dreikurs)의 의견

우리가 '논리적 결과'라는 용어를 사용할 때, 많은 어른이 이 용어를 아이에게 자신의 요구를 강요하는 새로운 방식으로 잘못 해석하는 모습을 보아 왔다. 이럴 경우 아이들은 논리적 결과를 일종의 가장한 벌이라고 여기게 된다(*Children the Challenge*, p. 80).

만약 논리적 결과들이 어떤 협박이나 화가 난 상태에서 강요되는 것으로 사용되면, 그것들은 더 이상 결과가 아닌 벌이 되어 버린다. 아이들은 기민하게 그 차이점을 인식한다. 벌이 주어질 때 거칠게 항의하는 모습처럼 아이들은 논리적 결과에 대해 반응한다(*Children the Challenge*, p. 79).

문제는 아이들과 함께 토론하고, 아이들이 스스로 무엇을 해야만 하는지 생각함으로써 해결되는 경우가 많다(*Children the Challenge*, p. 85).

논리적 결과가 아닌 것

> ## 해결책에 초점을 맞추기

문제는 무엇인가?   해결책은 무엇인가?

나는 오랫동안 긍정 훈육 방식을 부모들에게 가르치는 교육자로 일했다. 그럼에도 불구하고 내가 논리적 결과를 사용하기를 중단하고 내 아이들과 해결책을 찾는 데 초점을 두기 시작하자마자 아이와 벌어지는 힘겨루기가 현저하게 줄어드는 것을 볼 수 있었다. 그것은 나에게도 매우 놀라우면서 동시에 큰 기쁨을 가져다주었다.

–케이트 오톨레노(Kate Ortolano), 『Positive Discipline: A Teacher's A–Z Guide』의 공저자

실수는 배움을 위한 놀라운 기회입니다.

아이들과 함께 해결책을 찾는 작업을 통해 아이들은 스스로 권한을 가지고 있으며 격려와 지지 속에 성장하는 느낌을 가질 수 있습니다.

어려운 선택: 논리적 결과들이냐, 해결책이냐?

실습문제

지금까지 시도해 본 적이 있는 '논리적 결과'에 대해서 생각해 본 후, 그것을 글로 써 봅시다.

- 이 논리적 결과가 ① 문제와 관련이 있었습니까? ② 여러분과 아이들에게 합리적이었습니까? ③ 존중하는 마음으로 권유되었습니까? ④ 문제를 해결하는 데 도움이 되었습니까? (논리적 결과를 위한 네 가지 조건: 세 가지 R과 하나의 H를 기억합시다.)

- 이 논리적 결과가 긍정 훈육을 위한 다섯 가지 기준(35쪽 참조)에 부합하였습니까?

- 자녀의 행동 변화를 기술한 '미래의 행동 변화' 영역(14~15쪽 참조)을 봅시다. 이러한 결과로 여러분의 아이들이 배운 것은 무엇입니까?

- 만약 여러분이 결과 대신에 해결책에 집중하기를 원한다면, 어떤 긍정 훈육 도구가 결과보다 더욱 효과적이겠습니까?

효과적인 논리적 결과들 또한 문제를 해결할 수 있습니다. 반면에 문제를 해결하지 못하는 것은 그것이 아이들에게는 논리적인 결과라기보다는 처벌처럼 느껴지기 때문입니다.

가족 회의

규칙적으로 가족 회의를 가짐으로써 여러분은 아이들의 문제 해결 능력을 증진시킬 수 있습니다. 일주일에 한 번 20분 정도 가족 회의를 가지는 것만으로도 가정에 많은 변화가 생깁니다.

가족 회의를 통해 아이들은 다음과 같은 점을 배울 수 있습니다.

- 경청
- 브레인스토밍 기술
- 상호적인 존중
- 문제를 해결하기 전에 먼저 차분함을 유지하는 태도(가족 내에 문제가 발생했을 때 이 문제를 가족 회의의 안건으로 제시함으로써, 문제들에 대한 해결책에 집중하기 전에 먼저 문제를 차분하게 바라볼 수 있습니다.)
- 협력(해결책에 집중함으로써 힘겨루기를 피할 수 있습니다.)
- 안정적인 환경 속에서 갖게 되는 책임감(비난, 창피, 심적 고통을 느끼는 것이 아니라 해결책을 찾기 위해 서로를 지지해 줄 것이라는 기대감을 갖고 있으면 사람들은 잘못을 시인하는 것을 두려워하지 않게 됩니다.)
- 관련된 사람들을 모두 존중하는 해결책을 찾는 방법
- 소속감과 유능감
- 사회 의식(가족들, 타인들 그리고 환경에 대한 포괄적인 관심을 갖게 됩니다.)
- 실수야말로 배움의 좋은 기회라는 인식
- 가족으로부터 느끼는 재미(가족의 전통을 만들고 가족에 대한 좋은 기억을 만듭니다.)

성공적인 가족 회의를 위해 해야 할 것과 하지 말아야 할 것

해야 할 것

1. 장기적인 목적을 기억합니다. 여러분의 장기적인 목적은 아이들에게 가치 있는 삶의 기술을 가르치는 것입니다.
2. 가족 구성원들이 자신의 관심사나 도전하고 싶은 일이 있다면 그것들을 안건으로 작성하여 공개합니다.
3. 격려로 시작합니다. 각자가 가지고 있는 긍정적인 점들을 서로 발견하고 말하게 함으로써 격려로 회의가 자연스럽게 이어질 수 있도록 합니다.
4. 문제에 대한 해결책을 찾기 위하여 브레인스토밍을 합니다. 실용적이고 생각해 볼 만하다고 생각되는 한 가지 제안을 합의하여 선택한 후, 그 제안에 대해서 일주일 동안 브레인스토밍을 해보도록 합니다.
5. 비난이 아닌 해결책에 초점을 두도록 합니다.
6. 매주 가족들이 재미있게 즐길 수 있는 활동을 찾아 한 가지를 합니다.
7. 아이의 나이에 따라 달라지겠지만, 가족 회의는 짧게 하도록 합니다(10분에서 30분 내외). 그리고 끝날 때는 재미있는 놀이로 마무리하도록 합니다.

하지 말아야 할 것

1. 가족 회의는 설교나 어떠한 통제를 하는 자리가 아닙니다. 또한 아이들의 모든 시시콜콜한 일을 다 참견하고 간섭하는 자리도 아닙니다.
2. 아이들이 일방적으로 진행하고 통제해서도 안 됩니다. 회의에서는 상호 존중하는 태도가 가장 중요합니다.
3. 가족 회의는 매주 규칙적으로 열려야지 건너뛰면 안 됩니다(가족 회의는 다른 어느 계획보다도 중요하며 지켜져야 합니다).
4. 실수는 새로운 것을 배울 수 있는 놀라운 기회라는 사실을 잊어버려서는 안 됩니다.
5. 기술을 배우는 데에는 시간이 걸린다는 사실을 잊어서는 안 됩니다. 심지어 효과가 없는 해결책조차도 배움의 기회를 줄 수 있습니다. 따라서 언제나 존중하고 해결책을 찾는 데 집중해야만 합니다.
6. 네 살 미만의 아이들도 참석하기를 기대하지 마십시오(만약 어린아이들이 집중을 흐트러트리는 경우가 있으면 그들이 잘 때까지 기다립니다).

일과표(Routine Charts)

아이와 함께 일과표를 만들어 봅시다. 우선 저녁 일과부터 시작해 보는 것이 좋습니다. 아이들에게 잠자리에 들기 전에 준비해야 할 것들이 무엇이 있는지 모두 말해 보도록 하십시오. 만약 너무 어려서 아직 글을 쓸 수 없다면, 아이가 말하는 것을 받아써도 좋습니다.

아이들은 자신들이 어떤 일을 하고 있을 때 그 사진을 찍는 것을 좋아합니다. 그래서 사진을 찍은 후에 일과표의 각 시간에 그 사진을 붙여 놓으면, 아이가 매우 좋아하고 일과표를 지키는 일에 흥미를 붙이게 됩니다. 이때 아이들이 직접 일과표를 자신이 잘 볼 수 있는 곳에 붙이도록 합니다.

아이가 잊어버릴 때마다 다음과 같이 물어봅니다.

"다음번에는 무얼 할 차례라고 일과표에 적혀 있지?"

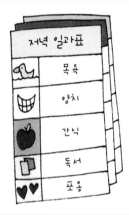

원칙을 지키자, 보상은 금물!

보상을 주게 되면 아이들은 자신이 할 수 있다는 내적인 느낌으로부터 멀어지게 되고 단지 보상에만 집중을 하게 됩니다.

아이들이 일과표에 싫증을 낸다면, 아이들이 다른 작업으로 해 보도록 도와주세요. 아침에 아이들이 일어나서 여러 가지 준비를 하는 데 어려워하나요? 그렇다면 아이로 하여금 아침 일과표를 만들도록 옆에서 도와주세요.

자신의 일과표를 만드는 데 아이들이 스스로 참여하게 되면 아이가 갖게 되는 소속감과 자존감은 더 높아지고, 반면에 자신의 삶에 더 주도권을 가지게 되니까 힘겨루기는 줄어들기 마련입니다. 또한 그들이 직접 만드는 과정에 함께했기 때문에 그 결과물을 지키고자 하는 자발성이 높아지는 효과도 있습니다.

예시: 독창적인 일과표

네 살배기 윤호는 저녁 일과표를 만들면서 매우 흥분하였다. 왜냐하면 일과표를 만들기 전에 우리가 그것에 대해서 충분히 이야기했기 때문이었다. 나는 윤호에게 다음과 같이 말했다. "네가 만들 일과표에는 네가 자기 전에 하는 모든 일이 담겨져 있어야 한단다." 일주일 동안 윤호는 충분히 생각할 시간을 가졌고, 그런 다음 나는 테이블에 앉아 윤호가 잠자리에 들기 전에 해야 할 일의 목록을 말하는 것을 들을 수 있었다. 그는 일과표를 벽에 붙여 놓고 싶어 했다. 그래서 우리는 각 할 일마다 사진을 찍어 프린트한 다음 그 사진들을 마치 긴 리본처럼 연결하였다. 그러자 마술과 같은 일이 벌어졌다. 3주 후까지도 윤호는 여전히 열성적으로 일과표를 잘 지키고 있고, 윤호를 잠자리에 재우는 일은 너무도 쉽고 즐거운 일이 되었다.

출처: *Positive Discipline*, Jane Nelsen.

이제 갓 여섯 살이 된 희열은 네 살배기 동생인 은이를 위하여 저녁 일과표를 만들었다. 희열이는 은이와 이야기하면서 일과표를 만드는 일을 도왔다. 물론 그림을 직접 그리지는 못했지만, 희열이가 동생과 얘기하고, 색칠하며, 만드는 데에는 무려 3일이 걸렸다. 나는 희열이에게 5개 단계만으로 충분하다고 말했다. 이 작업 가운데 가장 훌륭한 점은 두 남매가 쓰는 욕실에 이 일과표를 붙여 두었다는 거였다. 아이들은 욕실에 있을 때마다 일과표를 보면서 거기에 쓴 내용을 읽었다. 덕분에 아침에 일찍 출근하는 남편을 두 아이가 배웅하는 일이 너무나 쉬워졌다. 아이들이 쉽게 잠자리에 드는 일은 물론이다.

출처: *Positive Discipline*, Jane Nelsen.

실천하기

> 무엇을 배우고 느꼈나요?
>
> 어떤 것을 실천했나요?
>
> 다음에는 어떻게 행동할 건가요?

- 여러분의 아이가 네 살이 넘었다면 매주 가족 회의를 가져보도록 합시다. 그리고 가족 회의 앨범을 만들어 봅시다. 가족 회의마다 차곡차곡 사진을 모아 두게 되면 나중에 그것을 보는 일은 무척이나 큰 즐거움을 가져다줄 것입니다.

- 아이들과 함께 저녁 일과표를 만들어 봅시다. 그리고 다음 주에 일과표를 가져와서 다 같이 비교해 보는 시간을 가져 봅시다.

- 이 과정을 통해 좋았던 점과 질문거리에 대해서 글을 써 봅시다.

> 완벽한 부모나 아이가 있을 수 없는 것처럼 완벽한 가족 회의란 있을 수 없습니다.
> 그러나 이런 시도를 해 볼 필요는 분명히 있습니다. 왜냐하면 이러한 가족 회의를 통해서 매우 소중한 사회적 기술과 삶의 기술을 학습할 수 있기 때문입니다.

훈육 도우미

- 자녀들은 가족 회의를 통해 본인들 스스로 의사결정을 하고 책임지는 훈련을 하게 됩니다.
- 자녀들은 안정한 가족 내에서 자신의 의사 표현, 의견이 다를 시 조정하는 능력, 문제 해결 방법 및 타인의 의견을 수렴하고 인정하는 능력을 배웁니다.
- 가족 회의는 힘 있는 부모에 의해 주도되는 것이 아니라, 민주적으로 서로 의사를 나누고 다수의 의견을 채택하는 해결 방법을 실천하는 좋은 계기가 됩니다.

))) 우리 엄마의 긍정 훈육 말공부

인간의 행동을 변화시키는 방법은 긍정적으로 격려하거나, 부정적으로 처벌하는 것입니다. 격려는 타인에게 용기를 불어넣음으로써 기를 북돋워 주는 행동입니다. 처벌은 상대방의 기를 꺾고 두려움을 갖게 하며 부정적 결과를 가져옵니다.

1. 격려하는 사람의 공통점
- 나의 관심사에 공감하고 나에게 긍정적이다.
- 내 말을 경청하며, 내가 틀렸다고 바로 말하지 않는다.
- 나를 특별하게 생각하고, 내가 어떻게 느끼는지 이해한다.
- 아무리 나쁜 상황이어도 희망을 갖게 해 준다.
- 나를 편안하게 해 주고, 나를 인정해 준다.
- 나를 있는 그대로 존중해 준다. 이는 내가 잘해서가 아니라 단지 내가 '나'이기 때문이다.

2. 낙담시키는 사람의 공통점
- 내가 말할 때 듣지 않고, 바쁘다고 한다.
- 아무리 노력해도 내가 잘할 수 있는 일은 없다. 그 사람은 항상 나에게 완벽하길 원한다.
- 나를 당황하게 한다. 나는 항상 쩔쩔맨다.
- 최소의 말만 한다. 눈도 마주치기 싫다.
- 그냥 따라가는 것같이 행동한다. 사실은 "그게 되겠어?" 한다.
- 늘 왔다 갔다 하고, 간섭하며 통제하려 한다.

Lesson 5

리뷰(완벽한 부모는 없다/질문하기 vs 지시하기)

훈계 전에 친밀감 형성하기(온도계 놀이)

격려 vs 칭찬

의사결정 회전판

말대꾸하기

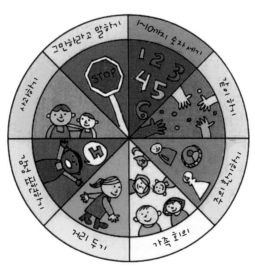

완벽한 부모란 없다:
부모가 완벽하지 않다는 것을 아이에게 전달하는 요령

1. 솔선수범하기: 여러분의 아이가 미래에 되었으면 하는 인간상이 있나요? 그렇다면 본인 스스로가 그러한 사람이 되세요. 아이들은 부모를 보고 그대로 따라하면서 배웁니다. 아이가 몸에 지녔으면 하고 바라는 매너가 있나요? 그렇다면 여러분 스스로 그러한 매너를 지니십시오.

2. 실수하기: 여러분은 별로 실수를 하지 않는 타입인가요? 그렇다면 일부러라도 실수를 저질러 보세요. 그러면 아이들은 여러분이 다음과 같이 말하는 것을 들을 수 있는 기회를 가지게 될 테니까요. "아이고, 내가 실수를 저질렀네. 앞으로는 이렇게 하면 되겠구나!" 하고 달라진 모습을 보여 주세요. 자녀 앞에서 자신의 실수를 솔직히 인정하는 것은, 완벽하진 않으나 완전하려고 노력하는 부모의 인간적이고 진솔한 모습을 보여 줍니다.

3. 책임감 있게 행동하기: 처벌을 받지는 않을까 하는 두려움이 없다면, 아이는 책임감 있게 행동하는 것이 안전하다는 것을 배울 수 있게 됩니다. 자녀와의 관계에서 갈등이 존재한다면, 거기에는 여러분의 책임도 있다는 것을 인정하고 받아들이십시오.

4. 자기조절: 여러분의 아이들이 스스로의 행동을 제어하는 것을 배우기를 바라시나요? 그렇다면 여러분 스스로 자신의 행동을 조절하도록 노력해 보세요. 가장 쉽게 자신을 조절하는 방법은 크게 숨을 쉬고 열까지 세어 보는 것입니다. 그런 다음 긍정적인 타임아웃을 가져 봅시다.

질문하기와 지시하기

1. 아이에게 무언가를 하라고 '지시했던' 기억을 떠올려 보세요. 여러분은 어떠한 방식으로 지시하였는지 기억이 떠오르나요? 생생하게 기억나는 예가 있다면 그 경험을 아래에 써 보도록 합니다. 여러분이 말한 것과 아이의 반응(아이의 말과 행동)까지 함께 작성해 봅시다.

   _____

   _____

2. 이렇게 '지시하는' 문장 대신에 여러분은 '질문하는' 문장을 사용했을 수도 있었을 것입니다. 만약 이렇게 질문하는 문장을 사용한다면 어떻게 말을 할 수 있었을까요? 아래에 작성해 봅시다.

   _____

   _____

3. 친구와 함께 두 명이 역할극을 진행해 봅니다. 우선 친구가 여러분이 '지시했던' 문장을 그대로 재현하고 여러분은 아이의 역할을 맡습니다. 이것이 끝나면 이번에는 친구가 '질문하는' 문장을 재현하도록 합니다.

4. 아이 역할을 하면서 여러분은 '지시하는' 문장과 '질문하는' 문장을 듣는 상반된 경험을 하였을 것입니다. 이 두 경우에 각각 생각하고 느꼈고 결심했던 점들을 친구와 함께 나누어 봅니다. 그런 다음 부모 역할을 하면서 친구가 생각하고 느끼고 결심했던 사항들은 무엇인지 함께 나누어 봅니다.

5. 이 활동을 통해서 여러분이 배운 것은 무엇인지 기록해 봅니다.

   _____

   _____

   _____

여러분은 무엇을 배웠습니까?

미래

자신의 가치에 대한 믿음

책임감

자기확신

용기

의사소통

문제 해결 기술

동기부여

정직

유머 감각

행복함

자기존중

유연한

회복탄력성

호기심 있는

자신과 타인에 대한 존중

공감

배려

자신의 능력에 대한 믿음

여러분의 '미래의 행동 변화' 영역을 다시 확인해 보세요. 그리고 여러분이 역할극을 통해 지시하는 부모와 질문하는 부모의 말을 듣는 동안 무엇을 배우게 되었는지 생각해 보세요.

유용한 정보

목소리의 어조: 만약 여러분의 목소리 어조가 우호적이지 않다면 호기심 질문은 별로 효력을 발휘하지 못합니다.

호기심: 아이가 여러분 마음속에 생각하고 있었던 대답을 그대로 하기를 바라시나요? 그것은 결코 옳은 생각이 아닙니다. 여러분은 자녀가 무슨 생각을 하는지 호기심을 가지고 궁금해해야 합니다. 아이는 아이만의 생각을 가지고 있으니까요.

모든 상황에서 모든 아이에게 효율적인 단 한 가지 만능 열쇠가 있다는 생각을 버리세요. 바로 이런 이유 때문에 긍정 훈육을 위한 부모의 도구 상자에는 상황에 따라 적재적소에 쓸 수 있는 다양한 도구가 구비되어 있는 것입니다.

난 할 수 있어요!

친밀감 형성과 기여

여러분은 친밀감 형성과 기여가 아이의 가장 중요한 목적이라는 사실을 배운 바 있습니다.

사랑의 메시지가 전달되는지 확인하는 과정이야말로 연결감을 만들고 기여를 고취시키는 가장 중요한 방법 중 하나라는 사실을 명심하십시오.

감정들

인정하기

수용하기

공감하기

사랑의 메시지가 잘 전달되는지 확인하는 여섯 가지 방법

1. 당신의 아이와 눈높이를 맞추는 데 충분히 시간을 가져라.
2. 우선 듣고, 나중에 말하라.
3. 아이가 경험하고 있는 느낌에서 아이를 섣불리 구해 주려고 하거나 교정하지 말라. 우선 해야 할 일은 아이의 느낌을 인정해 주는 것이다.
4. 아이가 스스로 결정한 선택에 따라 벌어진 결과를 충분히 경험하도록 지지하는 태도를 보여 줘라.
5. 우선 아이가 자신의 감정을 충분히 가라앉힐 시간을 주자. 그런 다음에 해결책을 찾도록 하자.
6. 포옹해 주자.

여섯 가지 방법 이외에도 많은 방식이 있습니다. 여러분이 가장 좋아하는 방식은 무엇입니까?

긍정 훈육 도구는 아이가 소속감과 자존감(친밀감 형성과 기여)을 느낄 때에만 제대로 작동할 수 있습니다.

사랑의 메시지가 제대로 전달되고 있는지 확인하십시오.

아이를 바꾸기 전에 먼저 아이와 연결되는 시간을 충분히 갖도록 합니다.

친밀감과 신뢰감(교감)을 구축하기

온도계 놀이 실습: 여러분의 아이와 친밀감을 형성함으로써 여러분은 아이에게 더할 나위 없이 강력하고, 용기를 북돋우며, 군건한 동기를 줄 수 있습니다. 이 놀이를 통해 여러분은 이 사실을 경험할 수 있을 것입니다.

1. 이 역할극에서는 어른 역할을 할 친구 한 명이 필요합니다. 그리고 여러분은 아이의 역할을 합니다.

2. 우선 여러분과 친구 사이에 있는 공간에 온도계가 바닥에 놓여 있다고 가정합니다. 여러분의 친구(어른)가 좌절시키는 말을 할 때 여러분은 뒤쪽으로 물러납니다(이 움직임은 감정적 온도가 최저 기온까지 내려가는 것을 의미합니다). 그리고 어른이 격려의 말을 하면, 여러분은 어른을 향해 가까이 움직입니다(이 움직임은 감정적 온도가 최고 기온 쪽으로 올라가는 것을 의미합니다).

3. 어른의 다른 말을 들을 때 여러분은 말로 반응할 필요가 없습니다. 단지 여러분이 격려를 받았는지 아니면 낙담했는지에 따라 여러분의 감정을 나타내는 온도계 표시를 따라서 앞이나 뒤로 움직이면 됩니다.

4. 어른 역할을 하는 친구가 비난하는 듯한 목소리로 아래 문장을 이야기합니다. 이때 한 문장씩 말을 한 이후에 잠시 멈추는 시간을 가집니다. 그리고 이 휴지 기간에 아이는 온도계 위를 움직입니다. "담임 선생님이 오늘 나에게 전화를 했단다. 너 도대체 무슨 일을 저지른거니? 아무 말썽 부리지 않았다고 말해도 소용없단다! 네가 아무것도 하지 않았다면 선생님이 왜 전화를 하셨겠니? 선생님이 네가 수업 시간에 떠들었다고 하더구나. 수업 시간에는 조용히 해야 하는 거 모르니? 이 일을 어떻게 하면 좋겠니? 방에 가서 네가 한 일에 대해서 생각 좀 해 보렴."

(계속)

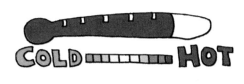

온도계 놀이 실습

5. 부모가 한 문장씩 아이에게 말을 할 때마다 아이 역할을 하는 여러분은 의기소침해지고 온도계의 가장 낮은 온도를 가리키는 자리로 움직이게 될 것입니다.

6. 이번에는 부모가 격려하는 말과 말투로 바꾸어서 아래와 같이 말합니다. 이번에도 역시 한 문장씩 말한 다음에는 약간 쉬는 시간을 둔다는 것을 잊지 마십시오. "오늘 아침 담임 선생님이 전화를 하셨단다. 모든 아이가 보는 앞에서 선생님이 너에게 소리를 질렀다니 얼마나 당황했니, 그렇지? 예전 일인데 나에게도 모든 아이가 있는 앞에서 선생님이 나에게 소리 질렀던 기억이 있단다. 그 순간 얼마나 수치스럽고 화가 났는지 몰라! 도대체 무슨 일이 일어났던 건지 나에게 얘기해 줄 수 없겠니? 어차피 담임 선생님이 바뀌지는 않으니까, 이런 일이 다시 일어나지 않을 수 있는 방법을 찾는 게 좋을 것 같아. 어떠니?"

7. 이런 얘기를 들었을 때 어떤 느낌, 생각, 그리고 결정을 하게 되었습니까? 격려받는다는 느낌이 들어서 온도계의 최고 온도 쪽으로 움직였습니까?

8. 이제 '미래의 행동 변화' 영역으로 다시 돌아가세요. 이 영역 중에서 여러분에게 특별한 가르침을 준 문장은 무엇인가요?

9. 그 문장들을 적어 보세요.

10. 이 활동으로부터 여러분이 배운 점을 적어 보세요.

격려 vs 칭찬

여러분이 아이라고 생각해 보세요. 그리고 아래에 있는 칭찬의 문장들을 모두 읽어 보세요. 여러분은 문장들을 읽으면서 어떤 생각, 느낌, 그리고 결정을 하게 되었나요?

자, 이번에는 아래에 있는 격려의 문장들을 읽어 보세요. 이번에도 이 문장들을 읽을 때 여러분 마음속에 스쳐가는 생각, 느낌, 그리고 결정에 대해서 주목해 보세요.

칭찬	격려
1. 올 A를 받았구나. 큰 상을 줘야겠다.	1. 열심히 했으니 너는 그럴 만한 자격이 충분히 돼.
2. 네가 정말 자랑스럽단다.	2. 너는 네 자신을 자랑스러워해야 해.
3. 잘했다!	3. 거기에 대해서 어떤 느낌이 드니?
4. 네가 한 거 정말 마음에 드는데!	4. 네 스스로 그것을 이해했구나.
5. 내가 말한 그대로 했구나.	5. 나는 너의 판단을 믿는단다.
6. 내가 좋아하는 것을 귀신처럼 잘 안단 말이지!	6. 너에게 무엇이 가장 좋은지 결정할 수 있는 건 바로 너 자신이란다.
7. 대단해! 내가 기대했던 바로 그것이야!	7. 나는 네가 실수를 통해서 배울 수 있다고 믿어.
8. 너는 정말 착한 아이야.	8. 어떤 경우라도 나는 너를 사랑한단다.

사탕과 마찬가지로 칭찬도 때때로 즐길 수 있습니다. 하지만 사탕을 매일 먹을 수는 없죠. 반면에 격려는 스스로와 가족에게 매일 먹는 주식이 되어야만 합니다. 자신이 무엇을 할 수 있는 능력이 있고, 가족 및 사회 구성원들에게 공헌할 수 있는 존재라고 아이들이 믿게 되는 것은 격려를 통해서입니다.

아이들은 칭찬을 좋아합니다. 그래서 부모들은 아이들에게 칭찬을 하는 순간 스스로가 격려를 하고 있다고 착각하기 마련입니다. 자, 93쪽에 있는 표를 보게 되면 여러분의 생각에도 변화가 일어날 것입니다.

격려와 칭찬의 차이

	칭찬	격려
사전적 정의	1. ~에 대한 호의적인 판단을 표현하기 위함 2. 특히나 완벽이라고 하는 속성에 의하여 찬양함 3. 결과 중시	1. 용기를 가지도록 재도전을 촉진함 2. 사랑을 전달함 3. 과정 중시
중심의 대상	행위자 중심: "착한 아이지."	행위 중심: "도와줘서 고맙습니다."
인정의 대상	완전하고 완벽한 성과물에 대해서만 인정함: "네가 그것을 해냈구나."	노력과 개선된 점: "당신은 그것을 위해 최선을 다했군요." 혹은 "당신이 성취한 것에 대해서 어떤 느낌이 드나요?"
태도	아랫사람 대하듯이 조정하는 태도로: "나는 영이가 앉아 있는 방식이 마음에 들어."	존중하고 고마워하는 태도로: "우리가 지금 어떻게 앉아 있어야 하는지 누가 알려 줄 수 있나요?"
가장 자주 사용하는 대상	아이들에게 주로 사용: "넌 정말 착한 아이야."	어른 및 동료에게 주로 사용: "이렇게 도와줘서 고마워."
소유권	한 대상으로부터 그가 성취한 것의 소유권을 빼앗아 버림: "나는 네가 시험에서 A를 받아와서 자랑스럽구나."	노력에 대한 소유권과 책임을 인정함: "A 맞은 건 네가 정말 열심히 했다는 증거구나."
변화의 동인	아이들로 하여금 다른 사람을 위하여 변화하도록 함: '인정 욕구에 굶주린 자'	아이들로 하여금 스스로의 힘으로 변하도록 함: '내부의 지시에 따르는 자'
평가 대상	무엇을 생각해야 할지 가르침. 다른 사람들의 평가에 의존하도록 함	생각하는 방식을 가르침. 스스로 평가함
장기적 효과	다른 사람에 대한 의존	자기확신, 신뢰

격려 실습하기

여러분이 자주 하는 칭찬을 격려로 바꾸어 볼까요?

예) 칭찬: 이번에도 잘했다! 다음에도 100점 맞도록 열심히 해라.

→ 격려: 그동안 노력한 결과가 100% 맞게 되었구나. 이번처럼 노력하면 다음에는 더 나은 결과가 있을거야. 노력하는 네가 무척이나 든든해!

실습) 칭찬: _____

→ 격려: _____

칭찬과 격려의 장기적 효과

칭찬은 빙산의 '이미지'를 배부르게 합니다. 하지만 수면 밑으로는, 즉 토대 밑으로는 닿지 못합니다.

칭찬은 마치 사탕과도 같아서 가끔씩 아껴서 사용되어야 합니다.

칭찬은 대부분의 사람이 좋아하지만, 너무 많이 들으면 중독이 되거나 자신에 대한 깊은 존재감을 형성하는 데는 오히려 방해가 됩니다.

격려는 인간으로 하여금 개인적 자존감과 자신이 가진 역량에 대하여 신뢰를 갖도록 도움을 줍니다.

빙산이 마음의 형태와 유사하다는 사실에 주목하세요.

격려라는 뜻을 지닌 encourage란 단어의 어근인 courage는 용기를 뜻하는데 이 단어는 심장을 의미하는 라틴어인 'cor'에서 유래하였습니다.

이처럼 누군가를 격려한다는 것은 누군가에게 심장을 주는 것, 즉 용기를 주는 것과 같습니다.

바로 격려를 통하여 우리는 온전한 마음(즉, 빙산의 전체)에 도달합니다.

아이와 함께 의사결정 회전판을 만들어 보자

자신의 의사결정 회전판을 만드는 데 아이 스스로가 참여하는 것은 너무도 중요합니다. 참여는 소속감, 자존감, 능력에 대한 확신을 향상시킵니다. 또한 참여는 이미 내 안에 만들어진 것을 다시 꺼내어 사용할 수 있는 동기부여감을 증진시킵니다.

의사결정 회전판을 만드는 방법

1. 테이블 위에 종이와 연필을 준비한 후 아이와 함께 테이블에 앉습니다. 그리고 아이에게 좌절스럽거나, 슬프거나, 마음에 상처를 입었을 때 무엇을 할 수 있는지 물어봅니다. 어떻게 하면 아이들이 기분이 더 나아지고 편안해지는 느낌을 가질 수 있을까요? 그리고 그 방법이 문제에 대한 진정한 해결책이 될 수 있을까요?

2. 모든 제안 사항을 글로 써 보세요.

3. 아이가 생각한 모든 것을 적으면, 다음에는 아이에게 96쪽에 있는 의사결정 회전판을 보여 줍니다. 이 그림을 보고 아이가 덧붙이고 싶은 사항이 있다고 한다면 추가적으로 적도록 합니다.

4. 다른 종이에다 큰 조각으로 나뉘어 있는 큰 원을 그립니다. 만약 여러분의 자녀가 스스로 그릴 수 있다면 그림을 완성하도록 도와주세요.

5. 아이로 하여금 자신의 선택을 표현할 수 있는 그림을 직접 그리고 싶은지, 아니면 인터넷을 통해 찾을 수 있는 클립아트를 통해 표현하고 싶은지 물어보세요.

6. 의사결정 회전판이 완성되면 눈에 잘 띄는 곳에다 붙여 놓도록 하세요.

희수의 의사결정 회전판 성공 경험담

일곱 살인 희수는 오늘 자신의 의사결정 회전판을 사용했다. 오늘 아침 희수와 세 살인 여동생은 소파에 앉아 책을 같이 보고 있었다. 그런데 동생이 책을 빼앗아 가져가자 희수는 즉시 발끈 화를 내면서 동생에게 소리치고 책을 홱 채어 갔다. 그러자 동생은 울음을 터트렸다. 내가 방에 들어갔을 때는 책을 빼앗긴 동생이 다시 책을 가로채려고 하고 있었다. 그것을 본 나는 희수에게 의사결정 회전판을 사용해 보지 않겠냐고 물었고, 그는 즉시 "예!"라고 대답했다. 희수는 의사결정 회전판에서 '자신의 인형을 나누기'를 선택했다. 희수는 동생에게 더 적합한 책을 주었고, 그러자 동생도 희수의 책을 돌려주었다. 그들은 잠시 동안 앉아서 놀랍게도 서로 물건 교환을 한 것이었다!

의사결정 회전판(Wheels of Choice)

> 좌측에 보이는 의사결정 회전판은 샌디에이고에 있는 혁신학교를 다니는 3학년 학생이 만든 작품입니다.

출처: *positive Discipline*, Jane Nelsen.

> 그림에서 보이는 예들은 아이디어를 제공할 수 있습니다. 하지만 여러분의 아이가 의사결정 회전판을 만드는 데 적극적으로 참여했을 때, 의사결정 회전판은 가장 효율적인 도구가 될 수 있습니다.

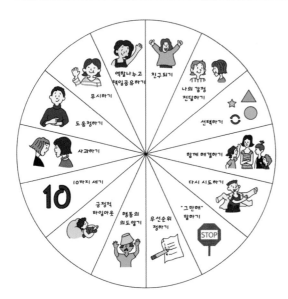

린 로트(Lynn Lott)와 제인 닐슨(Jane Nelsen)의 긍정 훈육 도구들
출처: *positive Discipline*, Jane Nelsen.

분노할 때 사용할 수 있는 의사결정 회전판
출처: *positive Discipline*, Jane Nelsen.

말대꾸에 대한 반응하기 실습

1. 이 실습에는 총 세 명이 필요합니다. 우선 여러분과 함께 역할 놀이를 할 수 있는 두 사람을 찾습니다.

2. 한 사람은 일반적인 부모가 되고, 다른 한 사람은 긍정 훈육을 실천하는 부모가 됩니다. 이 실습에서 여러분은 아이의 역할을 합니다.

3. 부모 역할을 하기 위한 원고를 준비합니다.

4. 부모 역할을 하는 두 인물은 3미터 정도 서로 떨어져서 서 있도록 합니다. 그런 다음 여러분은 일반적인 부모에게 다가가서 아이 역할을 시작하는데, 가장 먼저 다음과 같이 화를 내며 말합니다. "나는 그럴 필요가 없어요!" 그러면 일반적인 부모는 자신의 역할에 해당하는 문장을 읽을 것입니다. 그런 다음 여러분은 긍정 훈육을 실천하는 부모에게로 다가가서 같은 말을 합니다. "나는 그럴 필요가 없어요!" 그러면 그 부모는 자신의 역할에 해당하는 문장을 읽을 것입니다.

5. 일반적인 부모와 긍정 훈육을 실천하는 부모 사이를 왔다 갔다 하면서 그들이 말하는 나머지 문장을 귀 기울여 듣습니다. 이때 여러분은 어떠한 언어적인 대응도 하지 않으며, 다만 자신의 마음속에 떠오르는 생각, 느낌, 그리고 결정을 알아차리도록 합니다.

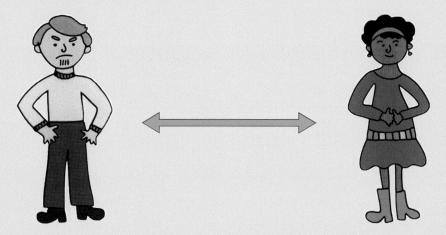

6. 역할 놀이가 끝나면 두 부모로부터 들은 문장들을 다시 상기하면서 아이로서 여러분 마음속에 떠올랐던 생각, 느낌, 그리고 결정을 나누도록 합니다.

(계 속)

말대꾸에 대한 반응하기 실습

일반적인 부모	긍정 훈육을 실천하는 부모
1. 얘야, 이런 식으로 나에게 얘기해서는 안 돼!	1. 음…… 도대체 내가 어쨌길래 그렇게 화를 내는 건지 잘 모르겠구나.
2. 방에 가서 좀 더 진정될 때까지 나오지 말아라!	2. 오! 정말 화가 났구나. 화가 풀리도록 어떻게 도와줄까?
3. 넌 일주일 동안 외출 금지야!	3. 너를 좀 더 존중하며 대하려면 나에겐 타임아웃이 필요할 거 같구나.
4. 내가 지금까지 널 위해 어떻게 했는데 지금 이런 식으로 나에게 말할 수 있는 거니?	4. 나를 좀 안아 줬으면 좋겠구나. 네 마음을 이해한단다.
5. 용돈 안 준다.	5. 지금 당장 우리에게 도움이 되는 것은…… 잠시 시간을 가지고 나중에 가족 회의에서 이 문제를 다루는 것일 것 같구나.
6. 군대에 가서 고생 좀 해야 정신차리고 어른들 말씀을 듣지.	6. 네가 정말 화가 난 것을 알겠다. 나에게 더 하고 싶은 말이 있니?
7. 그 잘난 입으로 얼마나 얘기하는지 두고 보겠다.	7. 음……(공감을 보여 주는 태도)
8. 한 달 동안 외출 금지를 당해 봐야 내 말을 고분고분 듣겠지.	8. 내가 널 정말로 사랑하는 거 알지?

여러분은 무엇을 배웠습니까?

미래

자신의 가치에 대한 믿음

책임감

자기확신

용기

의사소통

문제 해결 기술

동기부여

정직

유머 감각

행복함

자기존중

유연한

회복탄력성

호기심 있는

자신과 타인에 대한 존중

공감

배려

자신의 능력에 대한 믿음

여러분의 '미래의 행동 변화' 영역을 다시 확인해 보세요. 그리고 여러분이 역할극을 통해 일반적인 부모와 긍정 훈육을 실천하는 부모가 말한 것을 듣는 동안 무엇을 배우게 되었는지 생각해 보세요.

유용한 정보

침착하기: 여러분의 행동을 제어할 수 있기 전에 우선 열까지 천천히 세거나 깊은 숨을 들이마셔 보세요.

사과하기: 만약 여러분이 말대답을 하고 싶다면, 차분한 때가 올 때까지 기다리고 차라리 사과를 하세요. 이것이야말로 여러분의 아이를 위한 매우 중요한 본보기가 될 것입니다.

스스로도 행동을 조절하지 못하면서 여러분은 아이들이 자신의 행동을 조절할 수 있기를 기대합니다. 아이들에게는 말대꾸를 해선 안 된다고 가르치는 그 순간에도 우리가 아이들에게 말대꾸를 하고 있다는 사실을 자각하세요.

도전과 삶의 기술 사이의 연결고리

레슨 1에서 아이의 도전적 행동을 통해 그들에게 매우 가치 있는 사회적 기술을 가르칠 수 있다고 했습니다. 아이가 말대답하는 습관은 오히려 아이에게 긍정적인 기술을 가르쳐 줄 수 있습니다.

아이가 "나는 그럴 필요 없어요!"라고 말하면서 여러분에게 말대꾸하는 상황을 상상하세요. 아마 여러분은 자신의 아이가 말대꾸하는 다른 실제 상황을 떠올릴 수도 있을 것입니다. 우선 그 상황을 적어 보세요.

_____

_____

그런 다음 여러분이 어떻게 이 말대꾸에 대해서 반응할 수 있을지를 글로 적어 보세요.

실수는 배울 수 있는 기회이며, 완벽한 부모란 없다는 사실을 기억한다면, 여러분이 아이의 긍정적 성장을 위해 무언가를 할 수 있는 가능성은 너무도 많습니다.

더 깊이 생각해 볼 점들

1. 아이의 말대꾸에 대응할 때 아이를 위하여 모델로 제시할 수 있는 행동은 무엇일까요?
2. 여러분 스스로가 행동을 제어할 수 없는 경우에, 아이가 행동을 제어할 수 있다고 여러분이 기대하는 것은 옳은 일인가요?
3. 여러분의 본보기를 통하여 여러분의 아이는 무엇을 배울 수 있을까요?

실천하기

무엇을 배우고 느꼈나요?

어떤 것을 실천했나요?

다음에는 어떻게 행동할 건가요?

- 여러분이 행동 교정 전에 충분히 교감했던 경험이 있다면 글로 적어 보세요.

- 여러분의 아이와 함께 의사결정 회전판을 만들어 보고 그것을 다음 수업 시간에 같이 나누어 보세요.

- 여러분의 아이에게 원하는 바를 여러분 스스로가 먼저 모델로 제시한 경험이 있다면, 그 경험을 적어 보세요.

레슨 6에서 여러분은 생활양식 중 우선 사항이 무엇이고 그것이 여러분의 아이에게 어떠한 영향을 미치는지 알 수 있는 기회를 갖게 될 것입니다. 이 기회를 통해 개인적으로 성장하는 즐거움을 만끽하기를 바랍니다.

훈육 도우미

- 칭찬은 칭찬 중독자로 만듭니다. 칭찬은 '칭찬하는 사람의 가치 기준'에 맞을 때 결과에 대한 판단입니다. 격려는 상대방에 초점을 맞추며, 인정하고 '있는 그대로의 존재'를 존중합니다. 행동이 옳고 그름에 대한 기준은 명백하고 행동이 옳은 기준에 맞다면, 행위자를 격려합니다.
- 어린 자녀일지라도 자신이 한 행동을 스스로 되돌아보고 느낌을 말하고, 그로 인하여 다음에 어떻게 변화를 줄지에 대한 훈련은 선택할 수 있는 영역이 늘어나고 해 보지 못한 부분도 도전하는 용기를 얻게 하는 계기가 됩니다. 즉, 늘 변화하는 환경에서 실패하여도 배우고 도전하는 힘을 키우게 됩니다.

🔊 우리 엄마의 긍정 훈육 말공부

격려는 행동 변화를 위한 구체적인 방법입니다. 인간은 스스로 유능감을 느낄 때 자신에 대한 믿음이 높아지고 자신감이 생깁니다. 격려는 상대방에 초점을 맞추며, 존재에 대한 인정과 존재감을 수용합니다.

1. 성적을 100점 맞았을 때
   ① 칭찬하는 말: 잘했구나(엄마의 가치 기준에 맞고 결과에 대한 평가).
   ② 격려하는 말: 더 노력하더니 좋은 결과가 나왔구나. 축하한다(노력에 대한 인정 및 수용).

2. 아이가 동생을 돌보아 줄 때
   ① 칭찬하는 말: 착하다(엄마의 통제에 대한 결과).
   ② 격려하는 말: 힘들어도 동생을 돌보아 주니 고맙구나.

3. 아이가 맞고 왔으나 속상함을 참고 있을 때
   ① 일상적인 말: 엄마가 선생님께 전화할게. 자거라.
   ② 격려하는 말: 많이 힘들지? 그런데도 참고 있구나. 엄마도 안쓰럽다. 속상한 이야기해 봐. 엄마랑 이야기할까?

Lesson 6

나의 역할은 무엇인가?

생활양식 우선순위

배움의 기회로서의 실수

권한을 부여하기 vs 억지로 하게 하기

문제 해결 방법을 위한 도구들

• 가족 회의

• 일대일로 만나 함께 문제를 해결하기

• 의사결정 회전판을 만드는 데 아이를 반드시
  참여시킴

• 일과표를 만드는 데 아이를 반드시 참여시킴

• 호기심 질문들

• 제한된 선택들

• 아이에게 믿음을 가지기(공감을 표현하고 난
  후 조용히 아이가 스스로 생각하고 해결책을 찾을
  수 있는 시간을 허용하기)

• 아이와 함께 해결책을 찾기 위한 브레인스토
  밍하기

• 각자가 무작위로 긍정 훈육 카드를 선택하고
  모두 함께 어떤 도구가 문제를 해결할 수 있
  을지 결정하기

• 훈계하기 전에 친밀감 형성하기(해결책에 집
  중하기)

• 이해하기 위하여 귀를 기울이기

이럴 때 긍정 훈육 도구는 무엇일까요?

71쪽에 있는 그릇된 목적 차트를 보도록 합시다. 이 페이지는 부모들이 아이들에게 가르치기 힘들어하는 도전적인 행위가 부모의 도움으로 인해 어떻게 가능해지는지를 보여 주고 있습니다. 책망을 하지도, 수치심과 죄책감을 주지 않아도, 여러분의 몫을 책임감 있게 해낼 수 있는 방법을 제시하고 있지요. 이러한 방법을 통해 여러분은 새로운 자각을 얻게 되고, 이러한 자각을 통해 여러분은 변화할 수 있습니다.

긍정 훈육 도구

- 느낌을 인정하고 받아들여라.
- 포용하라.
- 긍정적인 타임아웃을 가져라.
- 방어하거나 설명하지 않고 들어라.
- 해결책에 집중하라.
- 문제가 있으면 가족 회의에 의제로 제시하라.
- 혼자가 아닌 일대일로 만나 함께 문제를 해결하라.
- 아이를 설득하기 위한 4단계를 활용하자.
- 사랑의 메시지가 전달되고 있는지 확인하자.

유용한 정보

숨쉬기: 자신이 어떤 문제를 만들고 있음을 알아차렸을 때 생각과 행동을 멈추고 깊은 숨을 쉬어 봅니다.

스스로를 격려하기: 여러분은 인간이며, 절대로 완벽할 수 없다는 사실을 기억합니다.

모델: 109쪽에 제시된 실수를 만회하기 위한 네 가지 R을 적용해 봅니다.

모든 긍정 훈육 도구들은 친밀감과 훈육을 위해 고안되었음을 기억하세요.

당신의 역할은 무엇일까요?

(71쪽에 제시된 그릇된 목적 차트 참조)

이것은 자각을 일깨우기 위한 것이지, 비난하거나 자책감을 주기 위한 것이 아님을 명심하십시오.

아이가 여러분에게 '과도한 관심'을 요구한 적이 있는지 기억을 떠올려 보세요. 어떤 일이 있었습니까? 혹시 지나친 관심이 필요하도록 여러분이 어떤 역할을 하지는 않았습니까? 아이는 여러분의 역할에서 무엇을 배웠을까요?

_____

_____

아이가 여러분으로 하여금 '힘을 오용'하는 것을 보여 준 적이 있는지 기억을 떠올려 보세요. 어떤 일이 있었습니까? 아이로 하여금 힘을 오용하도록 여러분 스스로가 어떤 역할을 하지는 않았습니까? 아이는 여러분의 역할에서 무엇을 배웠을까요?

_____

_____

아이가 여러분에게 '앙갚음'을 한 적이 있는지 기억을 떠올려 보세요. 어떤 일이 있었습니까? 아이가 앙갚음이라는 수단을 사용하도록 여러분이 어떤 역할을 하지는 않았습니까? 아이는 여러분의 역할에서 무엇을 배웠을까요?

_____

_____

아이가 여러분으로 하여금 '무능력'한 상황에 처하게 한 적이 있는지 기억을 떠올려 보세요. 어떤 일이 있었습니까? 이처럼 아이가 포기하도록 만든 상황으로 가기까지 여러분 스스로가 어떤 역할을 하지는 않았습니까? 아이는 여러분의 역할에서 무엇을 배웠을까요?

_____

_____

실수를 만회하기 위한 네 가지 R의 원칙

1. 여러분이 실수했다는 사실을 알아차리세요(Recognize your mistake, 자각하기).

2. 새롭게 교감하세요(Reconnect, 여러분의 잘못을 아이와 나눌 수 있을 만큼 눈높이를 낮추기).

3. 화해하세요(Reconcile, 사과하기).

4. 해결하세요(Resolve, 해결책에 초점을 두기).

실습

• 부모가 상황을 정확하게 파악하지 않은 채 화를 낸 일을 기억해 봅니다(자각하기).

• 아이에게 여러분 옆에 앉을 수 있는지 물어보세요. 그리고 사과하고 싶다는 말을 꺼내세요(존중하기).

• 짧게 사과하세요(아이들은 보통 "괜찮아요."라고 대답).

• 아이에게 문제에 대한 해결책을 같이 찾을 수 있겠는지 물어보세요.

• 차후에도 화가 났을 때 어떻게 감정을 전달할지 대안을 찾습니다.

때때로 아이들은 바로 즉시 사과할 준비가 안 될 수도 있답니다. 이런 경우에는 언제나 차분하게 진정할 수 있는 시간을 더 줘야 합니다. 서두르지 마세요.

화날 때

허용

인정

수용

해결책에 집중한다.

여러분은 무엇을 배웠습니까?

미래

자신의 가치에 대한 믿음
책임감
자기확신
용기
의사소통
문제 해결 기술
동기부여
정직
유머 감각
행복함
자기존중
유연한
회복탄력성
호기심 있는
자신과 타인에 대한 존중
공감
배려
자신의 능력에 대한 믿음

여러분의 '미래의 행동 변화' 영역을 다시 확인해 보세요. 그리고 아이의 세계로 들어가서 여러분에게 부여된 역할에 주어진 책임을 수행하는 동안 여러분이 무엇을 가르치고 있는지(하나의 모델로서 여러분이 아이에게 무엇을 보여 주고 있는지) 생각해 보세요.

모든 사람이 실수를 배움을 위한 진정한 기회로 생각하는 그런 세상을 여러분은 상상할 수 있습니까? 또한 비난과 수치심이 결코 필요하지 않은 세상이 가능하다고 생각하십니까?

아이가 위험을 기꺼이 감내하고 실수란 단순히 삶의 흥미진진한 요소일 뿐이라고 여기는 그러한 세상을 여러분은 상상할 수 있습니까?

실수를 저질렀을 때에도 사랑의 메시지가 소통되는 것을 확신하기 위해서는 사랑의 메시지를 말로 표현해야 합니다. "내가 널 얼마나 사랑하는지 알지?" "나는 널 너무 사랑한단다. 그리고 나는 잠시 생각해 볼 시간을 가져 봐야겠어." "괜찮으면 이리 와서 날 안아 주겠니?"

배움의 기회로서 실수를 바라보기

여러분이

아이였을 때,

실수를 하면

어떤 소리를 들었나요?

그 소리를 듣고 여러분은 어떤 결심을 하였나요?

나는 _____

_____

_____

여러분은 실수를 했을 때 어떻게 하기로 결심하였나요?(예를 들어, 실수를 숨기거나, 위험을 피하거나, 다른 사람을 탓할 수도 있었을 것입니다.)

_____

_____

_____

_____

여러분은 실수에 대해 어떻게 생각하나요? 여러분이 어렸을 때 내린 미숙한 결정은 현재를 살아가는 여러분이 실수를 하였을 때 실수에 대해 어떻게 반응하는지에 영향을 주었을 것입니다. 실수는 실패를 의미하나요? 여러분은 어떤 영향을 받았다고 생각하나요?

아이에게 실수는 배움을 위한 놀라운 기회라고 가르치게 된다면, 아이가 평생토록 완벽주의에 시달리며 살아가는 불행을 막을 수 있습니다.

실습

저녁을 먹는 자리에서 모든 가족이 함께 실수의 경험을 나누고 그 경험으로부터 배운 것은 무엇인지 이야기해 보세요.

실수를 한 경험을 이야기해 봅시다

1. 여러분이 실수를 할 때 부모님은 어떤 모습을 보여 주었습니까? 그들은 여러분에게 어떤 말을 하였습니까? 그 말을 들었을 때 여러분은 여러분 자신에 대해서 어떤 생각을 하였나요? 그리고 실수에 대해 여러분은 어떠한 결심을 하게 되었습니까?

_____

_____

2. 그 결심에 기초하여 또 다른 실수를 하지 않기 위해서 어떤 행동을 했나요? 혹은 여러분이 한 실수를 다른 사람이 모르게 하기 위하여 어떠한 행동을 취했나요?

_____

_____

3. 여러분의 아이는 실수에 대해서 어떻게 생각하나요?

_____

_____

4. 여러분의 아이가 실수를 했음에도 여러분이 여전히 아이를 지지하고 격려한 적이 있나요? 그런 경우가 있다면 그에 대해 이야기를 나누어 보세요.

　1) 여러분은 아이가 실수를 했을 때 어떤 행동을 하였나요?

_____

_____

　2) 여러분이 한 행동의 결과는 무엇이었나요?

_____

_____

　3) 이 경험을 통해 여러분의 아이는 무엇을 배웠다고 생각하나요?

_____

_____

(계 속)

실수를 한 경험을 이야기해 봅시다

③ 아이는 어떠한 것을 깨닫고 배웠나요?

_____

_____

4) 당신이 배운 점은 무엇인가요?

_____

_____

5. 여러분의 아이가 실수를 했는데 여러분은 지지하거나 격려하는 태도를 보여 주지 않은 경우가
있었나요? 그런 경우가 있었다면 그에 대해 이야기를 나누어 보세요.

1) 여러분은 아이가 실수를 했을 때 어떤 행동을 하였나요?

_____

_____

2) 여러분이 한 행동의 결과는 무엇이었나요?

_____

_____

3) 이 경험을 통해 여러분의 아이는 무엇을 배웠다고 생각하나요?

_____

_____

① 아이는 어떠한 것을 깨닫고 배웠나요?

_____

_____

4) 당신이 배운 점은 무엇인가요?

_____

_____

생활양식 우선순위(Top Card)와 관련된 활동

생활양식 우선순위는 일상생활에서 우선순위로 두고 하는 행동을 말합니다(Key 참조).

무의미함과 하찮음 — 우월함

비난과 굴욕 — 통제

거절과 포기 — 기쁘게 하기

스트레스와 고통 — 편안함 추구

1. 상자 안에 내가 피하고 싶은 순서대로 1부터 4까지 번호를 매긴다.

2. 나의 생활양식 우선순위는 ＿＿＿＿＿＿＿＿이다(No. 1로 순위 매긴 박스).

3. 나의 스타일은 ＿＿＿＿＿＿＿＿이다(No. 2로 순위 매긴 박스).

4. 내 생활양식의 슬로건은 ＿＿＿＿＿＿＿＿이 될 수 있다.

5. 내가 가진 최고의 자산은 ＿＿＿＿＿＿＿＿이다.

6. 나의 가장 큰 약점은 ＿＿＿＿＿＿＿＿이다.

7. 나의 생활양식 우선순위가 다른 사람에게 어떠한 긍정적인 영향을 줄 수 있는가?

＿＿＿＿＿＿＿＿

＿＿＿＿＿＿＿＿

8. 개선을 위하여 내가 할 수 있는 특별한 조치가 있다면 무엇인가?

＿＿＿＿＿＿＿＿

＿＿＿＿＿＿＿＿

Key: '생활양식 우선순위'는 자기방어 기제에서 나온 것으로, 일상생활에서 이것만은 꼭 피하겠다는 행동이다. '우월함'은 무의미하다고 평가받는 것, '통제'는 비난과 굴욕, '기쁘게 하기'는 거부당하는 것, '편안함 추구'는 스트레스와 고통을 피하려고 한다. 최악의 상황에서도 이것만은 꼭 피하겠다는 것은 일상생활에서 이것을 우선순위로 두어서 행동하게 된다.

생활양식 우선순위가 지닌 두 가지 측면

우선순위	당신이 가질 수 있는 최악의 모습	당신이 가질 수 있는 최상의 모습
우월함	• 너무 많은 일을 떠맡아 압도되거나 과중한 부담을 느낀다. • 타인들이 자신을 과대평가하거나 과소평가한다. • 타인에게 건방진 모습을 보인다. • 타인으로 하여금 자신이 하찮다고 느끼게끔 한다.	• 생산적이며 아는 것이 많다. • 많은 보상(혹은 학위나 자격취득)을 얻는다. • 매우 창조적이다. • 높은 수준의 자기확신감을 가지고 있다.
통제	• 사회적이고 감정적인 거리감을 만든다. • 감정적으로 메마르다. • 비판적이고 흠을 찾으려 애쓴다. • 힘을 얻기 위한 투쟁이나 반란을 초래한다.	• 책임감이 강하며 리더의 역할을 한다. • 믿음직스러우며 솔선수범한다. • 규칙을 준수한다. • 객관적이며 논리적이다.
기쁘게 하기	• 어떤 입장을 취하는 데 어려움을 겪는다. • 스스로가 원하는 것을 말하지 않는다. • 속으로는 "아니요."라고 대답하고 싶어 하지만 결국 "예."라고 대답한다. • 갈등을 다루기를 피한다.	• 사려 깊으며 타인의 감정에 민감하다. • 많은 것을 베푼다. • 친밀한 관계를 유지하며, 타인에게 신뢰감을 심어 준다. • 갈등을 만들지 않는다.
편안함 추구	• 게으르며 비생산적이다. • 갈등과 새로운 경험을 회피한다. • 걱정은 많이 하지만 스스로가 그렇다는 사실을 다른 사람에게 알리지 않는다. • 다른 사람으로 하여금 좌절감 그리고/혹은 무료함을 느끼게 한다.	• 동요하지 않으며 믿을 수 있다. • 타인을 위하여 편안하면서도 긴장을 누그러뜨리는 분위기를 만든다. • 스스로가 잘하는 것을 한다. • 자신의 일에 집중한다.

권한을 부여하기 vs 억지로 하게 하기

억지로 하게 하기(enabling)

아이들이 선택을 했을 때 그 선택이 미칠 파장을 최소화하기 위하여 그들의 경험에 간섭하는 것

권한을 부여하기(empowering)

통제권을 되도록 빨리 아이에게 양도함으로써 그들이 자신의 삶에 대한 믿음, 기술, 힘을 스스로 가질 수 있도록 하는 것

실습

1. 117~118쪽에 나온 권한을 부여하는 말과 억지로 하게 하는 말을 각각 자세히 읽어 보세요.

2. '아이의 세계로 들어가서' 이러한 문장들이 아이에게 어떻게 느껴지는지를 체험해 봅시다. 우선, 친구나 배우자로 하여금 문장을 읽어 달라고 해 봅시다. 이 역할극에서 그들이 문장을 읽는 동안 여러분은 아이 역할을 합니다.

3. 여러분의 아이가 가졌으면 하는 '미래의 행동 변화' 영역을 찾아봅시다. 그런 다음 두 종류의 문장 중 어떠한 문장이 인성을 개발시켜 나가는 데 도움을 줄 수 있을지 생각해 봅시다.

권한을 부여하는 말과 억지로 하게 하는 말

권한을 부여하기

1. "학교 공부나 생활이 지금 잘 되어 가고 있는 것 같니? 문제가 있다면 어떻게 해결할지 아이디어를 내어 볼까?"

2. "점수가 좋지 않아 기분이 나쁜 것 같구나. 하지만 이 경험을 통해서 배우는 것이 있으리라 믿어. 그리고 네가 원하는 수준으로 올리기 위해 네가 무엇을 해야 하는지 너는 찾아낼 수 있을 거야."

3. "엄마가 대신해 주지 않을 거야. 먼저 스스로 해 보고 선생님에게도 여쭈어 보렴."

4. "미리 편안한 시간을 맞춘다면 일주일에 두 번, 한 시간 정도 너에게 시간을 내줄 수는 있어. 하지만 막바지에 가서 대신해 주는 일은 하지 않을 거야."

억지로 하게 하기

1. "네가 또 일을 미뤘다니 믿을 수 없구나. 도대체 뭐가 되려고 그러니? 좋아. 이번에는 내가 해 주마. 하지만 다음에는 일이 어떻게 되든 네가 책임을 져야 해."

2. "너가 해 달라는 것을 모두 다 들어주었으니, 이제는 학교 공부에 집중할 거라 믿는단다."

3. "내가 책가방 가지고 차 시동도 걸어 놓을 테니, 어서 서둘러라. 그러면 늦지 않을 거야."

4. "도대체 이해가 안 가는구나. 심부름도 안 시키고, 매일 일찍 깨우고, 시간을 아낀다고 같이 해 주었는데 말이야. 그런데도 결과가 이 모양이니?"

(계 속)

권한을 부여하는 말과 억지로 하게 하는 말

권한을 부여하기	억지로 하게 하기
5. "이게 너에게 무슨 의미인지 알고 싶구나. 내 걱정이 무엇인지 들어 주겠니?"	5. "그렇지, 분명해. 네가 텔레비전에 빠져 있고, 늦잠을 자고, 친구랑 노느라 정신없는 걸 나는 잘 알거든."
6. "네가 이 진로를 선택했으면 하지만, 그것이 너에게도 중요한지 모르겠구나. 진로에 대해서 어떻게 생각하는지 네 의견과 계획을 들어 보면 좋을 것 같아."	6. "네 자신이 창피하지도 않니! 만약 더 열심히 하지 않으면 넌 한심한 아이가 될 거야!"
7. "이것에 대해서 지금 바로 이야기하기에는 내가 너무 감정이 격해져 있구나. 그 얘기는 가족 회의에서 하기로 하자. 그러면 내가 너무 감정적인 상태에서 이야기하지 않을 거야."	7. "내가 숙제를 미리미리 하라고 몇 번이나 얘기했니? 왜 너는 형처럼 그렇게 못하는 거야!"
8. "앉아서 함께 해야만 하는 숙제를 어떻게 할지 계획을 짜 보지 않을래?"	8. "좋아. 내가 오늘 아침에 네가 아팠다고 선생님에게 편지를 쓰마. 단, 다시는 이런 일이 일어나서는 안 된다!"
9. "나는 널 있는 그대로 사랑한단다. 그리고 자신을 위해 무엇을 선택하든지 나는 존중할거야."	9. "이 일을 마칠 때까지는 집에서 한 발짝도 못 나갈 줄 알아라. 그리고 차도, 텔레비전도, 친구도 금지야!"

여러분은 무엇을 배웠습니까?

미래

자신의 가치에 대한 믿음

책임감

자기확신

용기

의사소통

문제 해결 기술

동기부여

정직

유머 감각

행복함

자기존중

유연한

회복탄력성

호기심 있는

자신과 타인에 대한 존중

공감

배려

자신의 능력에 대한 믿음

여러분의 '미래의 행동 변화' 영역을 다시 확인해 보세요. 그리고 권한을 부여하는 말을 들었을 때와 억지로 하게 하는 말을 들었을 때 여러분이 느끼고 배운 것을 생각해 보세요.

유용한 정보

깊은 숨쉬기: 여러분이 현재 아이와 나누는 의사소통이 장기적으로 어떤 결과를 가져올까요? 이 문제에 대해 시간을 가지고 찬찬히 생각해 봅시다.

사랑의 메시지가 전달되고 있음을 확신하기: 몇몇 아이는 성적 점수가 자신이 아닌 부모에게 중요한 것이라고 생각합니다. 이러한 생각은 참으로 깊은 상처를 남기고 아이를 복수심에 불타오르게 하지요. 아이들은 자신이 입은 상처에 대해 앙갚음하려고 하지만 이러한 앙갚음은 오히려 스스로에게 깊은 상처를 남깁니다.

연습을 위한 충분한 시간을 가지십시오.

가족 회의 시간에 의사결정 회전판을 이용하거나 일과표를 만드는 작업을 아이들과 함께 하면 아이들은 해결책에 중점을 두는 연습을 충분히 하게 됩니다. 이런 작업을 통해 아이들은 매우 건강한 결정을 내릴 수 있습니다.

기억해야 할 중요한 몇 가지 포인트

서로 적절한 통제권을 나누어 가짐으로써 힘 겨루기를 피할 수 있습니다.

아이들에게 너무 작은 일까지 간섭하지 마세요. 지나친 간섭은 아이가 스스로 할 수 있는 능력을 저하시키고 반항심을 키웁니다.

아이의 말에 귀 기울여 주면 아이도 여러분의 말에 귀를 기울입니다.

존중하는 마음가짐으로 함께 해결책을 찾아 나가십시오. 그리고 당신의 몫에 대해서는 책임을 같이 나누세요.

미래

자신의 가치에 대한 믿음
책임감
자기확신
용기
의사소통
문제 해결 기술
동기부여
정직
유머 감각
행복함
자기존중
유연한
회복탄력성
호기심 있는
자신과 타인에 대한 존중
공감
배려
자신의 능력에 대한 믿음

적절한 때가 되면, 여러분이 도와주어야 할 범위를 친절하고도 분명하게 결정하십시오.

아이가 배웠으면 하는 점이 있다면, 여러분 스스로가 역할 모델이 되어 주세요.

훈육 도우미

- 아이들은 7세가 되면 스스로 선택하고 책임을 지게 됩니다. 부모의 간섭과 통제를 받으면 아이들은 그것을 선택하거나 책임지지 않고 의존하거나 저항 또는 회피하는 습관을 형성합니다.
- 스스로 의사 결정할 수 있는 능력은 선택한 결과를 그대로 수용하고 인정하여 배움이 일어나고 또 도전하는 계기가 됩니다.
- 부모의 지나친 간섭과 통제는 스스로 행동하지 않는 좋은 구실을 만듭니다.

우리 엄마의 긍정 훈육 말공부

살아가는 방식 또는 관점의 생활양식은 소속되고자 하는 개인의 인정욕구에서 오는 것으로, 자녀의 생활양식의 차이는 아이의 고유성과 타인과 차별화되는 개성이고 잠재력입니다. 이는 좋고 나쁨이 있는 것이 아니라 서로의 차이입니다. 생활양식 우선순위는 사회적 관심(타인에 대한 관심과 배려)의 유무에 따라 유용한 행동과 유용하지 못한 행동으로 구분됩니다. 양육 시 유용하지 못한 행동을 고려하며, 유용한 행동은 아이의 자산이 되도록 격려하고 지지해 줍니다.

생활양식 우선순위

	우월함	통제
격려하는 말	• 완벽하려고 하지마. 너는 최선을 다하고 있잖니? • 실수할 수 있단다. 실수에서 배우고 나아지고 있잖아.	• 규율을 지키는 것도 중요하지만 사람도 중요하단다. • 과도하게 혼자서 책임지는 것보다 상대방 스스로 선택하고 책임도 지도록 해야 해.
	기쁘게 하기	편안함 추구
	• 남의 기대에 맞추려고만 하지마. 너는 네 자체로 소중하고 충분해. • 거부당할 수 있어. 싫으면 싫다고 이야기할 용기를 내자.	• 타인을 편안하게 해주는데 너 자신도 안정감을 가졌으면 해. • 천천히 가지만 몰입하는 힘이 있으니 힘내자.

자신이 느낀 바를 일기처럼 글로 적는 일은 긍정 훈육에 대한 여러분의 이해에 깊이를 더해 줄 것입니다. 우리가 시도했던 도전을 글로 적어 보는 것만으로도 종종 놀라운 통찰이 일어 나기도 합니다. 성공 사례를 경험한다면 반드시 그 사례를 기록하십시오. 성공 경험은 여러 분에게 힘을 줄 뿐만 아니라 나중에 그 기록을 읽을 때 큰 재미와 감동을 선사한답니다.

저자 소개

Jane Nelsen

아들러심리학파로서 '긍정 훈육법(Positive Discipline)'의 창시자다. 일곱 자녀와 스물두 명의 손주들과 행복한 삶을 사는 그녀는 교육심리학 박사로서 초등학교에서 상담교사 일을 한 경험도 있다. 30년 이상 연구하고 현장에 적용한 '긍정 훈육법'에 대한 개념 및 방법론을 담은 책과 교육 프로그램은 50개국에서 다양한 언어로 번역되어, 바른 인격을 갖춘 사회적으로 건강한 자녀를 훈육하는 데 활용되고 있다.

역자 소개

박예진(Yejin Park)

한국아들러협회의 회장이자 ㈜아들러코리아의 대표이사다. 세계 정통 아들러 학파의 한국 대표로, 한국아들러협회를 설립하고 아들러심리학의 철학과 사회 공동체 사상을 실천하고 있다. 아들러심리학을 현장에서 적용하기 위해 각국의 아들러심리학 전문가들과 함께 노력하고 있다. 행복한 가족, 신뢰 있는 기업과 건강한 사회공동체를 위해 책, 심리교육, 상담센터 운영 및 코칭 등에 아들러심리학을 접목하여 보급하고 있다.

우리 아이 인성교육을 위한
긍정 훈육법 실천편
Positive Discipline Workbook

2016년 12월 30일 1판 1쇄 발행
2020년 2월 20일 1판 2쇄 발행

지은이 • Jane Nelsen
옮긴이 • 박 예 진
펴낸이 • 김 진 환
펴낸곳 • (주) **학지사**

04031 서울특별시 마포구 양화로 15길 20 마인드월드빌딩 5층
대표전화 • 02) 330-5114   팩스 • 02) 324-2345
등록번호 • 제313-2006-000265호

홈페이지 • http://www.hakjisa.co.kr
페이스북 • https://www.facebook.com/hakjisabook

ISBN 978-89-997-1107-7 93180

정가 **13,000**원

이 도서의 국립중앙도서관 출판시도서목록(CIP)은 서지정보유통지원시스템
홈페이지(http://seoji.nl.go.kr)와 국가자료공동목록시스템(http://www.nl.go.kr/kolisnet)
에서 이용하실 수 있습니다.
(CIP제어번호: CIP2016026896)

출판 · 교육 · 미디어기업 **학지사**

간호보건의학출판 **학지사메디컬** www.hakjisamd.co.kr
심리검사연구소 **인싸이트** www.inpsyt.co.kr
학술논문서비스 **뉴논문** www.newnonmun.com
원격교육연수원 **카운피아** www.counpia.com